もくじ

取り外してお使いください 赤シート＋直前チェックBOOK,別冊解答

※全国の定期テストの標準的な出題範囲を示しています。学校の学習進度とあわない場合は,「あなたの学校の出題範囲」欄に出題範囲を書きこんでお使いください。

Step 1 未来へ

15分

1 詩を読んで、問いに答えなさい。

▼教 教科書巻頭

未来へ

谷川俊太郎《たにかわしゅんたろう》

道ばたのこのスミレが今日咲《さ》くまでに
どれだけの時が必要だったことだろう
この形この色この香りは計りしれぬ過去から来た

遠く地平へと続くこの道ができるまでに
どれだけのけものが人々が通ったことだろう
足元の土に無数の生と死が埋もれている

照りつけるこの太陽がいつか冷え切るまでに
目に見えないどんな力が働くのだろう
私たちもまたその力によって生《うま》れてきた

人は限りないものを知ることはできない
だが人はそれを生きることができる
限りある日々の彼方《かなた》を見つめて

未《いま》だ来ないものを人は待ちながら創っていく
誰《だれ》もきみに未来を贈《おく》ることはできない
何故《なぜ》ならきみが未来だから

〈「すき」〉より

(1) 第二連の3行目「無数の生と死が埋もれている」とはどういうことですか。次から一つ選び、記号で答えなさい。

ア 道の下には行き倒《だお》れて死んだ多くの人々が埋まっている。
イ 人間の社会は多くの動物たちの犠牲《ぎせい》の上に築かれている。
ウ 数多くの生き物が死にゆくほどに長い歳月がたっている。

（　　）

(2) 第三連の1行目は、どのようなことを表すための言葉ですか。次の文の□に当てはまる言葉を書きなさい。

時間の□。

(3) 第四連の3行目に「限りある日々の彼方」とありますが、「彼方」をどのようなものと考えていますか。それが分かる部分を詩の中から七字で抜《ぬ》き出しなさい。

□□□□□□□

(4) 第五連の3行目「きみが未来だから」とは、どういうことですか。ここに込《こ》められた作者の思いを次から一つ選び、記号で答えなさい。

ア 未来は待ってさえいれば、必ずやってくるものだ。
イ 未来はやってくるものではなく自分で創るものだ。
ウ 未来は贈られるものではなく、きみが贈るものだ。

（　　）

2 ——線の漢字の読み仮名を書きなさい。

❶ 花の香りがする。

❷ ゴミの山に埋もれる。

3 ——線の片仮名を漢字に直しなさい。

❶ サンオクエンの予算がある。

❷ 詩のカイシャクを議論する。

4 ——線の言葉の使い方として合っているものに○、合っていないものに×をつけなさい。

❶ このうれしいという気持ちは、数値では表せない無数のものだ。

❷ 空の彼方を見つめて、広い宇宙のどこかに生物がいるだろうかと思いをはせる。

❸ この製品が作られるまでに、技術者たちの計りしれぬ苦労と努力があった。

❹ ずっと楽しみにしていた旅行が台風のために中止となり、気持ちが埋もれる。

テストで点を取るポイント

国語の中間・期末テストでは、次のポイントを押さえて確実に点数アップをねらうことができます。

☑ **ノートを確認して、教科書を音読する**

❶ 授業中の板書を写したノートをおさらいします。
国語の定期テストでは黒板に書かれた内容がテストで問われることが多く、先生によっては要点を赤字にしたり、繰《く》り返し注意したりしてヒントを出してくれています。

❷ 教科書の文章を音読して読み直します。
テストで出る文章は決まっているので、かならず何度も読み直して文章内容を理解しておきましょう。

☑ **ステップ1・ステップ2を解く**

» 実際に文章読解問題・文法問題を解いて、内容を理解できているか確認します。いずれも時間を計って、短時間で解く練習をしておきましょう。

☑ **小冊子で漢字を確認する**

» テスト直前には新出漢字や文法事項、古文単語などの暗記事項を確認します。

国語はノート整理→音読→演習問題→漢字暗記の4ステップで短期間でも高得点がねらえるよ！

Step 1

手紙の効用

15分

❶ 文章を読んで、問いに答えなさい。

▼㊍15ページ1行～16ページ10行

少し前のことになるが、十年前に書かれた手紙が届いたという記事を新聞で読み、深く印象に残った。差出人は、岩手県大槌《おおつち》町の臨時職員だった若い女性である。過去形で書いたのは彼女《かのじょ》が退職したからではない。東日本大震災《しんさい》で亡《な》くなっているからだ。あの日から三年が経過しようとしていたある日、両親のもとに①「手紙」が届いた。町の職員になる以前に彼女は、バスガイドとして働いていた時期があり、その仕事で愛知県にある「明治村《めいじむら》」という博物館に行った。そこでは十年後に手紙を届けるというサービスを行っていて、そこで彼女が両親に書いた手紙が、約束されたとおりに配達されたのである。

手紙には、「お父さんお母さんにはいっぱい、いっぱいお世話になったから、これからは、私《わたし》が二人のお世話をするからね。」と記されていた、と新聞は伝えている。

肉筆の文字には、印刷された文字とは別種の働きがある。それは昔から変わらない。「新古今和歌集《しんこきんわかしゅう》」には次のような歌がある。

②手すさびのはかなき跡《あと》と見しかども長きかたみになりにけるかな

かつては、手慰《てなぐさ》みに書かれた文字だから、そこにさほどの意味を

---

❶ (1) ――線①「『手紙』」について答えなさい。

どんな「手紙」ですか。次の文の□に当てはまる言葉を文章中から七字で抜《ぬ》き出しなさい。

・三年ほど前に□娘から届いた手紙。

❷ この「手紙」を両親はどのようなものと捉《とら》えて読んだと筆者は考えていますか。文章中から二十六字で抜き出し、初めの五字を書きなさい。（句読点や符号《ふ》も含《ふく》む。）

❸ この「手紙」は両親をどこへ連れて行きましたか。文章中から十八字で抜き出しなさい。（符号も含む。）

(2) ――線②「手すさびのはかなき跡と見しかども長きかたみになりにけるかな」の歌は、何を伝えるために引用されていますか。次から一つ選び、記号で答えなさい。

ア 亡くなった夫を思う妻の寂《さび》しくつらい気持ち。

感じることもなかったのに、亡くなってみるとそれがあの人のいるかなたの世界を感じさせる形見になってしまった、というのである。ここでの「長き」とは単に時間的に長く残る、という意味にとどまらない。むしろ、永遠の、という語感がある。

作者は土御門右大臣女《つちみかどのうだいじんのむすめ》。夫の亡き後、扇《おうぎ》に書かれた夫の文字を見つめつつ、そのかなしみを歌ったものと伝えられる。

人が亡くなっても手紙は残る。すると、そこに記された文字も生前とは全く違《ちが》ったものとして映ってきて、相手が生きているときには見つけられなかった意味の深みが見えてくるようになる。

先の手紙も、十年前に書かれたものであることは受け取った両親も理解している。しかしその一方で、今もどこかで「生きている」娘《むすめ》からの、「生きている死者」からの便りとして、その文章を読んだのではなかっただろうか。手紙の文字は、過ぎゆく時間とは別の、決して過ぎゆくことのない「時」の世界へと私たちを導いていく。

③真摯《しんし》に記された手紙にはいつも、未来においてのみ読み解かれる意味が隠《かく》されているのかもしれない。

若松英輔「手紙の効用」〈「言葉の羅針盤」〉より

イ　亡くなった後に残された手書きの文字の重み。
ウ　手書きの手紙は隠された形見となっていくこと。

（　　）

(3) ――線③「真摯に記された手紙にはいつも、未来においてのみ読み解かれる意味が隠されているのかもしれない」とありますが、そういえるのはどうしてですか。次から一つ選び、記号で答えなさい。

ア　手書きの文字は、書いた人が亡くなった後に永遠を感じさせる力を持ち、読む人は相手がずっと生きているように思うことができるから。
イ　人が亡くなっても手書きの文字は残り、それを読む人は書き手が生きているときには見つけられなかった意味の深みを感じられるようになるから。
ウ　手書きの文字には書き手のさまざまな思いが記されているが、将来にわたって何度も読み返さないと、その意味を読み取ることができないから。

（　　）

ヒント

(3) 「未来においてのみ読み解かれる」とは、相手が生きている間には感じられなかったことが、亡くなった後に見つけられるということ。

手紙は亡くなった後も残るから新たな意味が見つけられるというものを選ぼう。

Step 1

短歌を楽しむ／短歌五首

15分

❶ 文章を読んで、問いに答えなさい。

▼教 19ページ6行〜13行／21ページ1・3〜6行

海を知らぬ少女の前に麦藁帽《むぎわらぼう》のわれは両手をひろげていたり
寺山修司《てらやましゅうじ》

夏休みの光景でしょうか。少女を前にして少しはにかみながら立っている①少年の姿が浮《う》かんできます。少年は、どこかの海を見てきた。その大きさを、両手を広げて、まだ海を見たことのない少女に語り聞かせているのです。このとき、少女はどんな様子で聞いていたのでしょう。次々と想像を広げてみたくなる一首です。この作品は、初句の「海を知らぬ」が六音であるなど②「字余り」となっていますが、声に出して読んでみると、短歌のリズムからさほど外れていないことが分かります。つまり、「字余り」や「字足らず」であっても、短歌のメロディーが滑《なめ》らかに流れていれば、あまり問題にはなりません。

道浦母都子「短歌を楽しむ」より

(1) ——線①「少年」とは誰《だれ》のことですか。短歌の中から六字で抜《ぬ》き出しなさい。

(2) ——線②「字余り」の歌なのに短歌のリズムから外れていないと感じられる理由を、筆者はどのように説明していますか。鑑《かん》賞《しょう》文中の言葉を使って書きなさい。

(3) 「くれなゐの」の短歌の鑑賞文になるように、次の文の□に当てはまる言葉をそれぞれ短歌の中から抜き出し、歴史的仮名《かな》遣《づか》いのものは現代仮名遣いに直して書きなさい。

・この歌は、「A」の音を繰《く》り返し用いて、B な音の響《ひび》きをかもしだしている。

A

B

(4) 「白鳥は」の短歌について答えなさい。

❶ 何のどんな色が対比されていますか。簡潔に答えなさい。

くれなゐの二尺伸《の》びたる薔薇《ばら》の芽の針やはらかに春雨のふる　正岡子規《まさおかしき》

白鳥《しらとり》は哀《かな》しからずや空の青海のあをにも染まずただよふ　若山牧水《わかやまぼくすい》

不来方《こずかた》のお城の草に寝《ね》ころびて
空に吸はれし
十五の心　石川啄木《いしかわたくぼく》

「短歌五首」より

❷ どのような心情が歌われていますか。次から一つ選び、記号で答えなさい。

ア 自由でいる喜び。　イ ひとりぼっちの寂《さび》しさ。

ウ 大自然への畏《おそ》れ。　エ 生きることの空《むな》しさ。

（　　）

(5) 「不来方の」の短歌にはどんな「心」が歌われていますか。次の文の□に当てはまる言葉を、Aは二字で短歌の中から抜き出し、Bは後から一つ選んで、記号で答えなさい。

・ A 歳《さい》の頃《ころ》の、 B 心。

ア 母をなつかしむ　イ 未知の世界を恐《おそ》れる

ウ 自分にいらだつ　エ はるかなものに憧《あこが》れる

A □□　B （　　）

(6) 四首の中から句切れのあるものを一つ選び、第一句を抜き出しなさい。

（　　）

ヒント

(4) ❶「何のどんな色」とあるので、「何の何色と、何の何色。」という形で答える。

Step 2

日本語探検1　話し言葉と書き言葉／漢字道場1　形の似た漢字

（未来へ～漢字道場1）

20分

/100

目標 75点

1 ——線の漢字の読み仮名を書きなさい。

1 流麗な文。
2 言葉が拙い。
3 古今和歌集
4 真摯な態度。
5 絵画の鑑賞。
6 「ウ」は母音。
7 対句を使う。
8 体が柔らかい。
9 恒久の平和を願う。
10 相手を軽侮する。
11 アメリカ遠征
12 桑畑の中を歩く。
13 平安京への遷都。
14 衷心より謝《あやま》る。
15 賞品を頂戴する。

1

1	5	9	13
2	6	10	14
3	7	11	15
4	8	12	

各2点

2 ——線の片仮名を漢字に直しなさい。

1 部屋のオク。
2 友をナグサめる。
3 オウギであおぐ。
4 ウツワに盛る。
5 風景をエガく。
6 ナメらかな布。
7 ツバサを広げる。
8 答えのカクニン。
9 時間をカセぐ。
10 ネンポウ制で働く。
11 価格コウショウ
12 災《わざわ》いをキヒする。
13 不良品のハイセキ。
14 自軍のソウスイ。
15 ガンタンの挨拶《あいさつ》。

2

1	5	9	13
2	6	10	14
3	7	11	15
4	8	12	

各2点

❸ 話し言葉と書き言葉について、次の各問いに答えなさい。

(1) 次の❶・❷の文の□に当てはまる言葉を後から一つずつ選び、記号で答えなさい。

❶ 話し言葉は、[A]とのやりとりの中で自分の話を補うことができる。また、話し方以外の見振《みぶ》りや表情などにも話し手の[B]が出る。

❷ 書き言葉は、書いたものを読み返したり、時代を超《こ》えて伝えたりすることができるが、[C]を相手にすることもあるので、分かりやすく[D]的に書く必要がある。

ア くだけた言い方　イ 硬《かた》い言い方　ウ 論理
エ 不特定多数の人　オ 特定の人　カ 思い

(2) 話し言葉で書かれた次の文を、書き言葉に改めなさい。

❶ やっぱり僕《ぼく》、今日は帰るわ。ちょっと疲《つか》れたし。

❷ 前に言ってた本、図書館で借りて読んでみたけど、あんまりおもしろくなかった。

❸		
(1)	❶ A	
	B	
	❷ C	
	D	各2点
(2)	❶	
	❷	各4点

❹ 形の似た漢字について、次の各問いに答えなさい。

(1) 次の□にそれぞれ部首だけが違《ちが》う漢字を書き、熟語を完成させなさい。

❶ □画《はんが》・黒□《こくばん》

❷ □進《すいしん》・批□《ひじゅん》

(2) 次の——線の漢字をもとに、一画を加えたり引いたりして、別の漢字にしなさい。

❶ 住人—□復　❷ □事—任務

❸ 侍—□つ　❹ 原因—□人

(3) 漢字の形に注意して、次の□に当てはまる漢字を書きなさい。

❶ □日《えんにち》で□色《みどりいろ》の風船を買う。

❷ 世界□産《いさん》の調査に派□《はけん》される。

❸ 住んでいる地□《ちいき》にある江戸《えど》時代のお□《しろ》について調べる。

❹		
(1)	❶ 画・黒	
	❷ 進・批	各1点
(2)	❶ 復	
	❷ 事	
	❸ つ	
	❹ 人	各2点
(3)	❶ 日・色	
	❷ 産・派	
	❸ 地・お	各2点

Step 1

字のない葉書《はがき》

15分

❶ 文章を読んで、問いに答えなさい。

▼教 31ページ12行～33ページ4行

　終戦の年の四月、小学校一年の①末の妹が甲府《こうふ》に学童疎開《そかい》をすることになった。既《すで》に前の年の秋、同じ小学校に通っていた上の妹は疎開をしていたが、下の妹はあまりに幼く不憫《ふびん》だというので、両親が手放さなかったのである。ところが三月十日の東京大空襲《くうしゅう》で、家こそ焼け残ったものの命からがらのめに遭《あ》い、このまま一家全滅《ぜんめつ》するよりは、と心を決めたらしい。

　妹の出発が決まると、暗幕を垂らした暗い電灯の下で、母は当時貴重品になっていたキャラコで肌《はだ》着を縫《ぬ》って名札を付け、父はおびただしい葉書にきちょうめんな筆で自分宛《あ》ての宛名《あてな》を書いた。

「②元気な日はマルを書いて、毎日一枚ずつポストに入れなさい。」

と言って聞かせた。妹は、まだ字が書けなかった。

　宛名だけ書かれたかさ高な葉書の束をリュックサックに入れ、雑炊《ぞうすい》用の丼《どんぶり》を抱《かか》えて、妹は遠足にでも行《ゆ》くようにはしゃいで出かけていった。

　一週間ほどで、初めての葉書が着いた。紙いっぱいはみ出すほどの、威勢《いせい》のいい赤鉛筆《えんぴつ》の大マルである。付き添《そ》っていった人の話では、地元婦人会が赤飯やぼた餅《もち》を振《ふ》る舞《ま》って歓迎《かんげい》してくださったとかで、かぼちゃの茎《くき》まで食べていた東京に比べれば大マルにちがいなかった。

(1) ――線①「末の妹が甲府に学童疎開をすることになった」理由を次のように説明するとき、□に当てはまる言葉を、文章中からそれぞれ漢字二字で抜《ぬ》き出しなさい。

・このまま A にいて、B により一家全滅するより、不憫でも疎開させたほうがいいと C が決心したから。

A □□　B □□　C □□

(2) ――線②「元気な日はマルを書いて、毎日一枚ずつポストに入れなさい」とありますが、父が「マル」を書くように言ったのはなぜですか。「から。」に続くように、文章中から十三字で抜き出しなさい。（句読点を含《ふく》む。）

□□□□□□□□□□□□□から。

(3) ――線③「次の日からマルは急激に小さくなっていった」とありますが、このことから妹のどんな様子が分かりますか。次から一つ選び、記号で答えなさい。

ア　わざとマルを小さく書いて両親を心配させ、迎えに来てもらいたいと思っている。

イ　初めは楽しかったが、食べ物も十分ではなくなり、不安や寂《さび》しさで元気がなくなっている。

ところが、③次の日からマルは急激に小さくなっていった。情けない黒鉛筆の小マルはついにバツに変わった。その頃《ころ》、少し離《はな》れた所に疎開していた上の妹が、下の妹に会いに行った。

下の妹は、校舎の壁《かべ》に寄りかかって梅干しの種をしゃぶっていたが、姉の姿を見ると種をぺっと吐《は》き出して泣いたそうな。

間もなくバツの葉書も来なくなった。三月目に母が迎《むか》えに行ったとき、百日ぜきを患《わずら》っていた妹は、しらみだらけの頭で三畳《じょう》の布団《ふとん》部屋に寝《ね》かされていたという。

妹が帰ってくる日、私《わたくし》と弟は家庭菜園のかぼちゃを全部収穫《しゅうかく》した。小さいのに手をつけると叱《しか》る父も、この日は何も言わなかった。私と弟は、ひと抱えもある大物から手のひらに載《の》るうらなりまで、④二十数個のかぼちゃを一列に客間に並べた。これくらいしか妹を喜ばせる方法がなかったのだ。

夜遅《おそ》く、出窓で見張っていた弟が、

「帰ってきたよ！」

と叫《さけ》んだ。茶の間に座《すわ》っていた父は、はだしで表へ飛び出した。防火用水桶《おけ》の前で、痩《や》せた妹の肩《かた》を抱《だ》き、声をあげて泣いた。⑤私は父が、大人の男が声を立てて泣くのを初めて見た。

向田邦子「字のない葉書」〈「向田邦子全集」〉より

ウ　初めは我慢《がまん》していたが、だんだん不満が募《つの》り、葉書を出すのが面倒《めんどう》になっている。

（　　）

(4) ——線④「二十数個のかぼちゃを一列に客間に並べた」とありますが、「私」と弟がそのようにしたのは何のためですか。十字以内で書きなさい。

(5) ——線⑤「私は父が、大人の男が声を立てて泣くのを初めて見た」から、筆者のどのような気持ちが分かりますか。次から一つ選び、記号で答えなさい。

ア　大人である父が泣くのを恥《は》ずかしく思う気持ち。

イ　妹の無事を手放しで喜ぶ父に感動する気持ち。

ウ　幼い子供の前で泣く父を哀《あわ》れに思う気持ち。

（　　）

(6) 文章の中で、父はどのような人物として描《えが》かれていますか。「子供」「愛情」という言葉を使って、「人物。」に続くように、十五字以内で書きなさい。

人物。

ヒント

(3) 「元気な日はマルを書いて」という父の言葉から考えよう。

(6) 娘《むすめ》に葉書を持たせたり、声をあげて泣いたりする父の姿から考えよう。

Step 1

辞書に描《えが》かれたもの

15分

1 文章を読んで、問いに答えなさい。

▼教 38ページ39行〜40ページ16行

①「おまえ、汚《きたな》い辞書使ってんな。」

言葉が舌の上を通り抜《ぬ》けた瞬間《しゅんかん》から、激しい後悔《こうかい》が襲《おそ》った。確かに上野《うえの》の使っている辞書は、お世辞にもきれいとは言いがたい代物《しろもの》だった。だからといって、ほかにいくらでも言いようがあっただろう。私《わたし》は自分の声が周りに聞こえていることも十分に意識していた。おまえ、汚い辞書使ってんな。鼓動《こどう》が激しくなる中、顔を上げた上野と目が合った。つぶらな、大きな目だった。こちらをじっと見つめ返しながら彼《かれ》は言った。

「うん、母さんがくれたんだ。大学のときに買ってもらった辞書なんだって。」

屈託《くったく》もてらいもない言い方だった。②私は彼が言おうとしたことが何一つのみ込《こ》めずにいた。〈②〉どうして上野の母が出てくるのか、ダイガクとは何か、だからどうだというのか、私にはよく分からなかった。しかし、何よりもその口調が私の心をぶった。それは昔と変わらない、心を許した相手にだけ向けた穏《おだ》やかな話し方だった。私はろくに返事もできず、ちょうど先生が教室へ入ってきたのをよいことに、上野に背を向けた。

(1) ——線①「おまえ、汚い辞書使ってんな」とありますが、これを聞いて上野はどんな反応をしましたか。次から一つ選び、記号で答えなさい。

ア 失礼なことを周りに知らせるように言う相手にいらだちながらも冷静に返事をした。

イ 親しい友人に辞書について話しかけられたという態度で、どんな辞書かを説明した。

ウ 一瞬驚《おどろ》いたが、言った相手が親しい友人だったので、気持ちを理解した。

(　　)

(2) ——線②「私は彼が言おうとしたことが何一つのみ込めずにいた」とありますが、その理由を次から一つ選び、記号で答えなさい。

ア ひどいことを言ったのに怒《おこ》るでもなく自分の予想に反した反応が返ってきてめんくらったから。

イ 今はさほど仲良くないのに親し気に話しかけられたことに不満を感じて、鼻白んだから。

ウ 上野の母親のことや大学のことなど、聞いていないことを話しだす上野に腹が立ったから。

(　　)

(3) ——線③「最も印象に残っているのは、書斎で見かけた彼女の

授業が始まっても、内容は頭に入ってこなかった。こちらを見つめ返した上野の目の印象がなかなか頭から去らなかった。振《ふ》り払《はら》おうと必死になるたびに、後ろから辞書をめくる音が聞こえた。ときおり、紙が折れたりページが破けたりする音も混じっていた。私は一、二度そっと振り返ったが、上野はこちらに気づくそぶりもなく、相変わらず目を輝《かがや》かせながら辞書を引いていた。

　私は先ほどの上野の言葉に思いを巡《めぐ》らせた。上野の母親には、何度か会ったことがあった。大概《たいがい》は彼の家にいるときで、二人で遊んでいると夕方頃《ごろ》にどこからか帰ってきて、二言三言《ふたことみこと》挨拶《あいさつ》を交《か》わした。いつも黒い髪《かみ》を後ろに束ね、忙《いそが》しそうにしていた。しかし、③最も印象に残っているのは、書斎《しょさい》で見かけた彼女《かのじょ》の姿だった。

　トイレを借りた帰りの廊下《ろうか》で、いつもは閉じている部屋のドアが開いているのに私は気がついた。人の気配がしたので、気になってのぞいてみると、そこに上野の母親がいた。書棚《しょだな》に囲まれた机に大きな本を何冊か広げながら、はっとするほど冷たい横顔で座《すわ》っていた。調べごとか、考えごとをしているふうだった。二重《ふたえ》の目はいつも以上に大きく開かれ、遠い場所を追っていた。まるで目の前の本ではなく、その向こう側にいる誰《だれ》かを見つめているようだった。

　上野の母の白い手がページをめくった音で私は我に返り、見てはならないものを見た気がして黙《だま》ってその場を後にした。自分はなぜあれほど動揺《どうよう》したのだろうか。もしかしたら大の大人が勉強をしている姿を見たのが初めてだったからかもしれない。自宅に帰ってから、私は自分の親に上野の家で見たことを率直《そっちょく》に告げた。母親からは、上野の母は「ガクシャ」だからという答えが返ってきたのを覚えている。

澤西祐典「辞書に描かれたもの」〈「小辞譚」〉より

姿だった」とありますが、どうして印象に残ったのだと考えられますか。理由を説明した次の文の□に当てはまる言葉を、文章中から抜き出しなさい。

・ A を初めて見たためか、ひどく B したから。

A

B

(4) 上野が使っているのはどんな辞書ですか。次の文の□に当てはまる言葉を後から一つ選び、記号で答えなさい。

・学者である上野の母親が□辞書。

ア 乱暴に使っていた　イ 息子のために取っておいた

ウ 長年使っていた　エ 息子の大学入学祝いに買った

（　　）

(5) 上野が自分の持っている辞書を大切に思い、熱心に使っていることが分かる一文を探し、初めの五字を抜き出しなさい。（句読点を含《ふく》む。）

ヒント

(2) 後にある「何よりもその口調が私の心をぶった」に合うものを選ぼう。

(4) 上野の辞書がきれいなものではなかった理由を考えよう。

(5) 上野が辞書をただ使っている描写《びょうしゃ》ではなく、熱心に使っている様子が分かるように書かれている部分を探そう。

Step 2

辞書に描《えが》かれたもの

20分

/100

目標 75点

1 文章を読んで、問いに答えなさい。思

▼教42ページ1行～43ページ24行

美術室は閉まっていた。隣《となり》の準備室にも先生はおらず、私《わたし》はしばらく廊下をうろつき、展示されている作品を眺《なが》めた。廊下《ろうか》には、出来のよかった生徒の作品がいくつか数珠《じゅず》つなぎにつるされていた。どの絵も私のよりうまく描《か》けていたが、だからといって私と関わり合いのあるものには感じられなかった。

職員室に先生を探しに行こうかと考え、絵の前を引き返していると、その中の一枚が目に留まった。①上野《うえの》の絵だった。いちばん隅《すみ》にあったので見逃《みのが》していたのだ。私は足を止め、そこに描《えが》かれたあの辞書を見た。辞書は本物そのもののように汚《よご》れが目立ち、日に焼けてくすんでいた。絵に鼻を近づけたら、古びた紙の匂《にお》いまで漂《ただよ》ってきそうだった。開かれた辞書をぼんやりとした光の帯が包み込《こ》んでいた。

忘れていた嫌《いや》な感情がよみがえってきそうになった。けれど、私は奇妙《きみょう》にその絵に引き寄せられていた。よくよく見ると、辞書のくすみや汚れは、でたらめに付けられたものではないことが分かった。まるで雪原の足跡《あしあと》のような、その一つ一つが辞書に付いた人の指紋《しもん》の形をしていた。指跡《ゆびあと》は見開きのページばかりでなく、辞書の側面にもびっしりと描《えが》かれていた。私は上野の手と彼《かれ》の母親の姿を思い出した。②上野がなぜあれほど熱心に辞書を見ていたのか分かった気

(1) ――線①「上野の絵」は何を描いた絵でしたか。描かれている様子が分かるように、五十字以上、六十字以内で書きなさい。

(2) ――線②「上野が……気がした」とありますが、上野が熱心に辞書を見ていた理由を説明した次の文の□に当てはまる言葉を書きなさい。

・母親の指跡を追うことで□。

(3) ――線③「私の中の霧が晴れていった」について答えなさい。

1 これより前の「私」は上野の辞書に対してどのような気持ちを抱《いだ》いていましたか。文章中から四字で抜《ぬ》き出しなさい。

2 「霧が晴れていった」とは、どういうことを表していますか。次から一つ選び、記号で答えなさい。

ア 上野の絵が汚れている訳が分かったということ。

イ 上野の絵の中に霧の正体が描かれていたということ。

ウ 上野の絵が何を表しているかを理解したということ。

(4) ――線④「それに……伸ばしていた」とありますが、どのような思いからですか。次の文の□に当てはまる言葉をAは二字で文章中から抜き出し、Bは十字以内で書きなさい。

・辞書に積み重ねられた多くの人の A に自分も B という思い。

点UP

(5) ――線⑤「世界との向き合い方を教えてくれた」とありますが、私にどのようなことを教えてくれたのですか。次の文の□に

がした。
　すると、辞書の周りにあった、単なる光の筋だと思われたものが、辞書へ伸《の》びる指であり腕《うで》で、一冊の書物へ向かって何度も伸ばされたものの残像であることに気がついた。細く白いいくつもの手が辞書を目指し、あるいはそのはるか向こう側へ向かって伸ばされ、互《たが》いを支え合うようにして幾重《いくえ》もの層を成していた。
　唐突《とうとつ》に、③私の中の霧《きり》が晴れていった。上野の母親の視線の行方《ゆくえ》も理解できる気がした。彼女《かのじょ》の姿に上野が重なってゆき、私は受け継《つ》がれていく人の営みを感じずにはいられなかった。そう思うと、私の目には辞書に書かれている字すらも人々の指跡でできているように映った。④それに指を重ねるように、そっと私は手を伸ばしていた……。

　上野とはその後も言葉を交わすことはなかった。二年生になるとクラスも分かれ、それっきりになってしまった。彼が今どうしているのかは分からない。私は教師になり、中学校で英語を教えているが、英語の辞書をめくるときや、お下がりの辞書を持ってきた生徒を見つけたときに、たびたび当時のことを思い出す。⑤それは単に懐《なつ》かしいばかりでなく、彼との最後の会話であり、私に世界との向き合い方を教えてくれた出来事だったように思う。

澤西祐典「辞書に描かれたもの」〈「小辞譚」〉より

当てはまる言葉を文章中の言葉を使って書きなさい。
・この世界は□ということ。

❷ ――線の片仮名を漢字で書きなさい。
❶ ある本をスイセンする。　❷ 服をコウニュウする。
❸ 発言をヒカえる。　❹ オモムキのある庭。

❶						❷	
(1)	(2)	(3)	(4)		(5)	❶	❸
		❶	A	B			
15点	10点	10点	各10点		15点		
		❷				❷	❹
		10点					各5点

Step 2

日本語探検2 敬語／漢字道場2 他教科で学ぶ漢字(1)

(字のない葉書《はがき》～漢字道場2)

20分

／100

目標 75点

1 ―線の漢字の読み仮名を書きなさい。

1 弟子を訓戒する。
2 威厳を保つ。
3 兄は照れ性だ。
4 山梨《やまなし》に疎開する。
5 事故に遭う。
6 肌着を着る。
7 ハンカチを縫う。
8 雑炊を作る。
9 バラの茎を折る。
10 子供を叱る。
11 貴重な代物。
12 謙虚《きょ》な姿勢。
13 奴隷制度の反省。
14 最頻値を探す。
15 昼食を麺にする。

1 各2点

2 ―線の片仮名を漢字に直しなさい。

1 朝のアイサツ。
2 言葉をカわす。
3 カミの毛を結ぶ。
4 ショダナを整理する。
5 ヘダたりがある。
6 サン憺《たん》たる現場。
7 ヒマを持て余す。
8 本のヘンキャク。
9 イヤな気分。
10 キミョウな気配。
11 シモンをぬぐう。
12 ゴウマンな態度。
13 さんごショウ
14 左右タイショウ。
15 ニンシンを祝う。

2 各2点

❸ 敬語について、次の各問いに答えなさい。

(1) 次の――線の敬語の種類を下から選び、記号で答えなさい。

❶ 恩師のお宅に伺《うかが》う。
❷ お客さまが昼食を召《め》しあがる。
❸ 定休日は毎週水曜日です。
❹ 先輩《せんぱい》から旅行のお土産《みやげ》をいただく。
❺ 先生が家にお見えになる。
❻ のどが渇《かわ》いたのでお水をください。

ア 尊敬語
イ 謙譲《けんじょう》語
ウ 丁寧《ていねい》語

(2) 次の――線の語をそれぞれ（　）の指示に従って直しなさい。

❶ 先生が厳しい口調で言う。（尊敬の助動詞を使う）
❷ 先輩の家でお茶を飲む。（特別な謙譲の動詞を使う）
❸ 先生は料理をする。（特別な尊敬の動詞を使う）
❹ 明日は文化祭だ。（丁寧語にする）
❺ お客様の荷物を持つ。（接頭語を使って謙譲の表現にする）
❻ 師匠《ししょう》が手紙を読む。（接頭語を使って尊敬の表現にする）

❸	
(1)	❶ ❷ ❸ ❹ ❺ ❻　各2点
(2)	❶ ❷ ❸ ❹ ❺ ❻　各4点

❹ 次の――線の語のうち、敬語の使い方が誤っているものを二つ抜《ぬ》き出し、正しい表現に直しなさい。

・卒業式のとき、泣いていらっしゃった担任の先生に、クラス全員で書いた色紙をやると、先生はうれしそうに拝見して、みんなのことはいつまでも忘れないよ、とおっしゃった。

❹	
→	完答2点
→	完答2点

テストに出る

●特別な動詞を使う敬語

普通《ふつう》の言い方	尊敬語	謙譲語
言う・話す	おっしゃる	申す・申しあげる
する	なさる・あそばす	いたす
来る・行く	いらっしゃる	参る・伺う
食べる・飲む	召しあがる あがる	いただく 頂戴《ちょうだい》する
見る	ご覧になる	拝見する

●接頭語を使う敬語
尊敬の表現…お（ご）～になる
謙譲の表現…お（ご）～する

●助動詞を使う尊敬の表現　例 帰られる

Step 1

ハトはなぜ首を振《ふ》って歩くのか

15分

❶ 文章を読んで、問いに答えなさい。

▼㊓55ページ11行〜57ページ19行

ハトの首振り研究の歴史は意外に古い。一九三〇年に、アメリカのダンラップとマウラーが、ハトが歩く様子を世界で初めて撮影《さつえい》した。「なんだ、撮影しただけか。」と思ってはいけない。動画を撮影することが簡単ではなく、ヒトの歩行の研究すらあまりされていない時代に、わざわざハトの歩行の研究をしようというのだから、①彼《かれ》らがハトの首振りに対して並々ならぬ興味を持っていたことは疑いようがない。

そんな彼らの熱意によって、驚《おどろ》くべき事実が判明した。実は、②ハトは歩きながら頭を静止させていたのである。ハトが歩くと、体はおおむね一定の速度で前進する。体が前進しているのに頭を静止させるためには、首を縮めなければならない。首をある程度まで縮めると、今度は首を一気に伸《の》ばして頭を前に移動させる。この動作の繰《く》り返しが、歩行時の首振りの実態だったのである。つまり、ハトは歩きながら頭を静止させようとして、首を振っているのである。

では、いったい何のためにハトは頭を静止させているのだろうか。

一九七五年、イギリスのフリードマンは、この疑問に答える実験を行った。実験に先立って、彼は、首振りを引き起こす要因として三つの仮説を立てた。

一つ目は、ハトにとって景色が移動することである。移動する景

(1) ――線①「彼らが……疑いようがない」とありますが、その理由を説明した次の文の□に当てはまる言葉を、文章中から抜《ぬ》き出しなさい。

・ A が容易ではなかった時代に、ハトの歩行を撮影したから。

・ B さえあまりされていない時代だったから。

A □□□□□□□□

B □□□□□□□□

(2) ――線②「ハトは歩きながら頭を静止させていた」とありますが、どういうことですか。次の文の□に当てはまる言葉を、文章中から抜き出しなさい。

・体が A している時に首を縮め、ある程度まで縮めたら、今度は B 頭を前に移動させることで、 C 頭を動かさないようにしていたということ。

A □□□□

B □□□□□□□

C □□□□□

(3) ――線③「図A」、④「図B」について答えなさい。

色を目で見ることが刺激《しげき》となって、首振りが起こるという考えだ。二つ目は、空間的に移動する速度の変化をハトが感じ、これが刺激となって、首振りが起こるという考えである。三つ目は、脚《あし》と首の運動が何らかの仕組みで連動していて、歩くとおのずと首も動くという考えである。

この三つの仮説のうち、どれが首振りの要因であるかを確かめるため、フリードマンはハトを箱に入れ、いろいろな条件の下《もと》で実験を行った。

③図Aの実験では、ハトの背中に棒を付けて天井《てんじょう》に固定し、箱の下にはキャスターを付けた。天井に固定されたハトは歩いても前へ動かず、代わりに箱が後ろへと動く仕組みだ。ハトは空間的には動いていないが、歩く動作を行っている。また、箱が動いているので、ハトには景色が動いて見える。すると、ハトは首を振った。すなわち、歩く動作と景色の動きがあれば、ハトは首を振るのである。

④図Bの実験では、やはりハトを天井に固定し、今度は足もとの床《ゆか》も動かない状態にして、箱の壁《かべ》だけ動かした。ハトは空間的に固定され、歩かずにじっとしている。ところが、箱の壁が動くので、ハトには景色が動いて見える。すると、今度もハトは首を振った。歩いていなくとも、景色が動けばハトは首を振ることが分かった。

藤田祐樹「ハトはなぜ首を振って歩くのか」より

Ⅰ

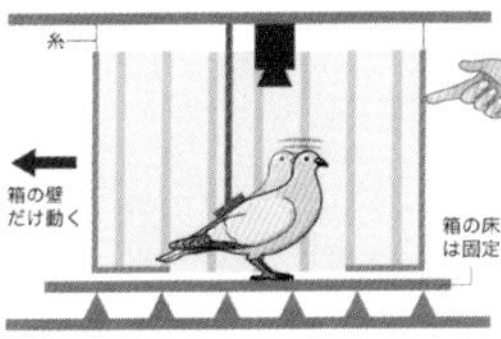

Ⅱ

❶ 図A、Bは上の図のⅠ、Ⅱのどちらを指していますか。それぞれ記号で答えなさい。

図A（　　）　図B（　　）

❷ 図A、Bの実験のときのハトの状態に合うものを、それぞれ次から全て選び、記号で答えなさい。（同じものを二度使ってもよい。）

ア 固定されている。　イ 固定されていない。
ウ 歩く動作がある。　エ 歩かずじっとしている。
オ 景色が動く。　カ 景色は動かない。

図A（　　）　図B（　　）

❸ 図A、Bの実験の結果、分かったことを、それぞれ文章中から二十二字で探し、初めの五字を抜き出しなさい。

A □□□□□

B □□□□□

(4) ――線「首振りを引き起こす要因」とありますが、それは何でしたか。簡潔に答えなさい。

（　　）

ヒント

(4)「一つ目は」から始まる段落に、三つの仮説が書かれている。

この三つのどれが後の実験の結果に合うか考えよう。

図Ⅰ・Ⅱ：令和２年検定済 東京書籍 中国２年より

Step 2

ハトはなぜ首を振《ふ》って歩くのか

20分

/100

目標 75点

❶ 文章を読んで、問いに答えなさい。思

▼教 59ページ19行～61ページ14行

ヒトが前に歩くと、景色は目に対して迫《せま》ってくるように動き、視野の中心から周囲に向かって広がるように展開していく。このとき、景色の中で注目しているところは、近づくにつれて大きくなるものの、視野の中心にあり続けるため、私たちは目を動かす必要がない。

一方、ハトのように目が横を向いていると、前に歩くときに、注目しているところが前から後ろへと常に移動してしまう。移動するものを見ようとするのだから、ハトは景色を目で追わなければならない。

①前に歩くときに、ヒトが首も振らず目もきょろきょろさせない理由は、目が前を向いているからであり、ハトが首を振るのは、目が横を向いているから、というわけだ。そして、②車窓から景色を見るときには、私たちはハトと同じように、前に進みながら横の景色を見ている。すると、私たちだって景色を目で追うのだ。

では、③どうしてハトは、ヒトのように目をきょろきょろさせないのだろう。わざわざ首を振るより、目を動かすほうが、エネルギーも節約できそうに思える。

そこで、もう一度、ヒトとハトの目を比べてみると、目の形と大きさにも違《ちが》いがあることが分かる。ヒトの目はピンポン玉のように球形をしている。そして、目の周りの発達した筋肉が、目をいろい

(1) ――線①「前に……向いているから」とありますが、なぜ目が横を向いていると首を振るのですか。次の文の□に当てはまる言葉を書きなさい。

・目が横を向いていると、前に歩くときに□から。

点UP

(2) ――線②「車窓から景色を見るとき」の話題をここで出している理由を次から一つ選び、記号で答えなさい。

ア 楽しい話題を出して読者を飽《あ》きさせないようにするため。

イ ヒトもハトも生物として大きな違いがないと知らせるため。

ウ 前進しながら横を見ると目が動くことを納得《なっとく》させるため。

(3) ――線③「どうして……だろう」の答えになるように、次の文の□に当てはまる言葉を文章中から抜《ぬ》き出しなさい。

・ヒトの目に比べ、ハトの目はA(四字)をしており、B(一字)の大きさに対して大きく、C(七字)も発達していないので、あまり目を動かせないから。

(4) ――線④「ハトが首を振って歩く理由」を文章中の言葉を使って七十字以上、八十字以内で書きなさい。

(5) ――線⑤「科学の第一歩」について答えなさい。

❶ どういうことを指していますか。文章中の言葉を使って書きなさい。

❷ それを踏《ふ》み出すとどうなるか、二十字以内で書きなさい。

ろな方向に引っ張ることによって、ヒトの目はくるくると動く。一方、ハトの目はやや平たい形をしている。球形でなければくるくる動かすのは難しい。それに、ハトの目は頭の大きさに対して非常に大きい。目が大きければ、目を動かす筋肉も強大でなければならないが、ハトの目の周りの筋肉はそれほど発達していない。結果として、ハトはあまり目を動かすことができないのである。

そのかわり、ハトの首は長くてよく動く。ハトの首がどれほどよく動くのかは、くちばしで全身の羽毛《うもう》を整える羽繕《はづくろ》いの様子を見れば分かる。あまり動かない目と、長くてよく動く首を持っているからこそ、ハトは首を振って景色を追うのである。

ここまで、ハトの首振りについて紹介《しょうかい》してきた。ハトの目は横を向いているから、ハトは移動する景色を目で追う必要がある。そして、ハトの目は平たく大きくて動かしにくいから、ハトは首を動かして、景色に対して頭を静止させることで、景色を目で追っているのである。これが④ハトが首を振って歩く理由である。

さあ、そろそろ皆《みな》さんもハトの首振りを自分で観察したくなってきたのではないだろうか。そう思ったら、すぐに公園に出かけてみよう。そして、ここに書かれた内容が本当に確かであるか、自分の目で確認《かくにん》してみてほしい。気になったことがあれば、自分の目で見て、自分の頭で考える。それが⑤科学の第一歩だ。そんな簡単なことを、少し気をつけてやってみると、今まで気づかなかった豊かな世界が、きっと広がるだろう。

藤田祐樹「ハトはなぜ首を振って歩くのか」より

❷ ——線の片仮名を漢字で書きなさい。

❶ ムダを省く。
❷ カベに絵を飾《かざ》る。
❸ 写真をトる。
❹ 坂のシャメンを駆《か》け下りる。

❶							
(1)	(2)	(3) A	(3) B	(3) C	(4)	(5) ①	(5) ②
10点	10点	各5点			15点	各15点	

❷			
❶	❷	❸	❹
各5点			

成績評価の観点 思…思考・判断・表現

Step 2

文法の窓1　用言の活用／漢字道場3　漢字の意味

（ハトはなぜ首を振《ふ》って歩くのか～漢字道場3）

20分

／100

目標 75点

1 ――線の漢字の読み仮名を書きなさい。

❶ 粗削りな作品。
❷ 塔を目指す。
❸ 船が旋回する。
❹ 舞《ぶ》台《たい》で踊る。
❺ 軌道に乗る。
❻ 完成を慶賀する。
❼ 禍根を残す。
❽ 戦艦の模型。
❾ 二艇身の差。
❿ 国の宰相。
⓫ 清廉な人物。
⓬ 梅の芳香。
⓭ 隆盛をほこる。
⓮ 危篤の知らせ。
⓯ 失敗に拘泥《でい》する。

1

❶	❺	❾	⓭
❷	❻	❿	⓮
❸	❼	⓫	⓯
❹	❽	⓬	

各2点

2 ――線の片仮名を漢字に直しなさい。

❶ シゲキを受ける。
❷ 部屋のユカ。
❸ 一生ケンメイ話す。
❹ ナナめに線を引く。
❺ 鳥のウモウ。
❻ 自己ショウカイ
❼ 事態をハアクする。
❽ 道をサマタげる。
❾ ゼヒを問う。
❿ チョウジを述べる。
⓫ 人をイツワる。
⓬ センパクの往来。
⓭ セツジョクを果たす。
⓮ マンガを読む。
⓯ 秘密をバクロする。

2

❶	❺	❾	⓭
❷	❻	❿	⓮
❸	❼	⓫	⓯
❹	❽	⓬	

各2点

❸ 用言の活用について、次の各問いに答えなさい。

(1) 次の――線の用言の品詞を答えなさい。また、活用形を後から一つずつ選び、記号で答えなさい。

❶ 冷たい飲み物がほしい。

❷ 花がきれいに咲《さ》いている。

❸ 待っているのになかなか来ない。

ア 未然形　イ 連用形　ウ 終止形　エ 連体形
オ 仮定形　カ 命令形

(2) 次の――線の動詞の活用の種類を後から一つずつ選び、記号で答えなさい。

❶ 好きな本を読んで感想文を書いた。

❷ その映画がどうしても見たい。

❸ 夕方になったら犬と散歩をしよう。

ア 五段活用　イ 上一段活用　ウ 下一段活用
エ カ行変格活用　オ サ行変格活用

(3) ――線の品詞が形容動詞のものを全て選び、数字で答えなさい。

❶ 秋にはにぎやかな祭りが開かれる。

❷ 私《わたし》はいつも元気です。

❸ 受理されないというのはおかしな話だ。

❸

(1) ❶ ・　❷ ・　❸ ・ 完答各4点

(2) ❶　❷　❸ 各3点

(3) 完答4点

❹ 漢字について、次の各問いに答えなさい。

(1) ❶・❷は似た意味の漢字を、❸・❹は反対の意味の漢字を下から選び、それぞれ熟語を作りなさい。

❶ 純　❷ 歓　❸ 攻　❹ 枯

守　粋　暖　栄　喜

(2) 「白状」の「白」と同じ意味を表す漢字を含《ふく》む熟語を一つ選び、記号で答えなさい。

ア 白紙　イ 告白　ウ 白馬　エ 空白

❹

(1) ❶　❷　❸　❹ 各3点

(2)

テストに出る

● **動詞の活用形**

	語幹	未然形（ナイ・ウに続く）	連用形（用言タ・テに続く）	終止形（言い切る）	連体形（体言に続く）	仮定形（バに続く）	命令形（命令で言い切る）
待つ	ま	た と	ち っ	つ	つ	て	て

● **動詞の活用の種類**

●五段活用…「ない」のすぐ上がア段になる活用。
●上一段活用…「ない」のすぐ上がイ段になる活用。
●下一段活用…「ない」のすぐ上がエ段になる活用。
●カ行変格活用…「来る」●サ行変格活用…「する・〜する」

● **形容動詞の区別**…形容動詞は「〜だ」「〜な」「〜に」になる。
例 ○かすかだ・かすかな・かすかに　×小さな、すぐに

Step 1

卒業ホームラン

15分

❶ 文章を読んで、問いに答えなさい。

▼教 75ページ17行〜77ページ3行

いや……本当に公平に見るなら、智《さとし》よりもうまい五年生は二、三人いる。実力主義を貫《つらぬ》くのなら、智に背番号16を与《あた》えることはできない。痛《いた》いほど分かっていても、そこまでは監督《かんとく》に徹《てっ》しきれなかった。父親の自分を少しだけ残してしまった。補欠の子供の親につい気を遣《つか》ってしまうのは、①その後ろめたさのせいかもしれない。

素振《すぶ》りを続ける智に「そろそろ出かけるぞ。」と声を掛《か》けようとしたら、間延びしたあくびといっしょに典子《のりこ》がリビングに入ってきた。まだパジャマ姿だった。ぼさぼさの髪《かみ》を手ですきながら、目をしょぼつかせて、「おはよう。」と気のない声で言う。

「②おまえ、模試サボるのか。」

「うん、まあね。」

「急いだら、まだ間に合うんじゃないのか。」

「いいよ、そんなの。トイレに下りただけだから、もうちょっと寝《ね》るし。」

むっとしかけた徹夫《てつお》をいなすように、典子は庭に目をやって「智、張りきってるじゃん。」と言った。

「最後の試合だからな。」気を取り直して返す。

「模試に行かないんだったら、応援《おうえん》に来るか？」

鼻で笑われた。

冗談《じょうだん》やめてよ、というふうに。

(1) ——線①「その後ろめたさ」とはどういうことですか。次から一つ選び、記号で答えなさい。

ア 監督の立場に徹して、智に必要以上に厳しく接していること。

イ 監督に徹しきれず、智に実力以上の背番号を与えていること。

ウ 息子に甘《あま》いと非難されないように、智を試合に出さないこと。

(2) ——線②「おまえ、模試サボるのか」とありますが、典子が模試をサボる理由として考えられることを、「から。」に続くように、文章中から十一字で抜《ぬ》き出しなさい。

から。

(3) ——線③「典子の言うとおりだった」について答えなさい。

❶ 「言うとおり」とは、具体的にどういうことですか。「智」「試合」という言葉を使って書きなさい。

❷ ❶と同じことを、徹夫自身の考えとして述べている一文を、文章中から十字以内で抜き出しなさい。(句読点を含《ふく》む。)

「試合に出るの？　智。」

「……ベンチに入ってるんだから、可能性はあるよ。」

「ないじゃん。」ぴしゃりと。「いつものパターンじゃん、それ。」
③典子の言うとおりだった。
智は、今まで一度も試合に出ていない。

今日も、よほどの大量リードを奪《うば》うか奪われるかしない限り、チャンスはないだろう。

「最後なんだから、出してやればいいのに。」

典子の声に、父親をとがめるような響《ひび》きはなかった。ごく自然な言い方で、だからこそ、胸が痛む。

同じことは、ゆうべ佳枝《よしえ》からも言われた。

きっと、智も心の奥《おく》ではそう思っているだろう。

だが、智は補欠の七番手だ。監督の息子だ。チームには二十連勝が懸《か》かっている。出せない、やはり。

「実力の世界だからな。」と徹夫は言った。「④あいつも、もうちょっとうまけりゃいいんだけどなあ。」と続け、口にしたとたん、ひどい言い方をした、と思った。

典子は黙《だま》って窓から離《はな》れ、座卓《ざたく》に置いてあったみかんを一つ取って、それを手のひらで弾《はず》ませながら言った。

「ふうん、どんなに真面目に練習しても、下手な子は試合に出してもらえないんだあ。」
⑤そうじゃない――とは言えない。
「やっぱり、頑張《がんば》ってもいいことないじゃん。ね、そうでしょ？　お父さんがいちばんよく分かってるんじゃないの？」

重松 清「卒業ホームラン」〈「日曜日の夕刊」〉より

(4)　――線④「あいつも、もうちょっとうまけりゃいいんだけどなあ」とありますが、このときの徹夫の心情を次から一つ選び、記号で答えなさい。

ア　典子たちの気持ちも分かるが、監督として応えられないことをごまかそうとした。
イ　監督の息子が下手だと思われるのは自分もつらいので、もっとうまくなってほしい。
ウ　智が、野球が下手なのがいけないのに、父親の自分が責められるのはおかしい。

（　　）

(5)　――線⑤「そうじゃない――とは言えない」とありますが、このときの徹夫の心情を次から一つ選び、記号で答えなさい。

ア　今の典子には何を言っても無駄《むだ》だと思い、あきらめている。
イ　反論はできるが、父親の威厳《いげん》を保つために黙《だま》っている。
ウ　反論したいが、一面の事実ではあるので言い返せない。

（　　）

ヒント

(3)　❶直前の典子の言葉にある「いつものパターン」とは何かを考えよう。ここでは、智が試合に出られるかが話題となっている。

❷徹夫が「典子の言うとおり」と思ったのは、自分が智を試合に、どうしようと考えているからなのかを読み取ろう。

Step 2

卒業ホームラン

20分

/100

目標 75点

❶ 文章を読んで、問いに答えなさい。思

▼教 83ページ25行～85ページ8行

二球目も空振《からぶ》り。外角球に上体が泳いだ。

①「腰《こし》が据《す》わってないからだめなんだ、いつも言ってるだろう!」

智《さとし》は半べその顔で「オッス!」と返す。叱《しか》られて悲しいんじゃない、打てないのが悔《くや》しいんだ、と伝えるように、徹夫《てつお》に投げ返す球は強かった。

最後の一球だ。手は抜《ぬ》かない。内角高めのストレート。

智はバットを思い切り振った。

快音とまではいかなかったが、確かにボールはバットに当たった。フライが上がる。ビュンと音を立てて、強い風が吹《ふ》いた――が、打球は風に乗る前に落下し始め、佳枝《よしえ》の手前でバウンドした。

②「ホームラン!」

佳枝がグローブをメガホンにして叫《さけ》んだ。「智、今のホームランだよ! ホームラン!」と何度も言った。

徹夫も少しためらいながら、右手を頭上で回した。打席できょとんとする智に、ダイヤモンドを一周しろと顎《あご》で伝えた。

だが、智は納得《なっとく》しきらない顔でたたずんだまま、③バットを手から離《はな》さない。徹夫をじっと見つめ、徹夫もまっすぐに見つめ返してくるのを確かめると、帽子《ぼうし》の下で白い歯をのぞかせた。

「お父さん、今のショートフライだよね。」

(1) ――線①「腰が据わってないからだめなんだ、いつも言ってるだろう!」とありますが、こう言われたときの智の気持ちを、徹夫はどう考えていますか。文章中から九字で抜き出しなさい。

(2) ――線②「ホームラン!」と佳枝が言った理由を次から一つ選び、記号で答えなさい。

ア 智にもっと野球が上手になってほしいと思ったから。

イ 智の努力が報《むく》われ、楽しんでほしいと思ったから。

ウ 智ならホームランを打つに違《ちが》いないと思ったから。

(3) ――線③「バットを手から離さない」について答えなさい。

点UP

❶ ここから智のどんな気持ちが分かりますか。次の文の□に当てはまる言葉を一語で書きなさい。

・野球に対する□な気持ち。

❷ これより後から、智が野球がうまくなりたいと思って努力していることが分かる一文を探し、初めの五字を抜き出しなさい。

(4) ――線④「ナイスバッティング」と言ったときの徹夫はどんな気持ちですか。次の文の□に当てはまる言葉を書きなさい。

・智の努力を□という気持ち。

(5) ――線⑤「ホームインの瞬間を見届けてやる」と思ったのはなぜですか。次の文の□に当てはまる言葉を「家」「ホーム」「ホームイン」という言葉を使って書きなさい。

・野球では智はホームインできなかったが、□。

来月から中学生になる息子だ。

あと数年のうちに父親の背丈《せたけ》を抜き去るだろう。

徹夫は親指だけ立てた右手を頭上に掲《かか》げた。アウト。一打数ノーヒットで、智は小学校を卒業する。

不満そうな佳枝に構わず、徹夫はマウンドを降りた。ゆっくりと智に近づいていき、声が届くかどうかぎりぎりのところで④「ナイスバッティング。」と言った。

聞こえなかったようだ。智はスローモーションのようにバットを振って、ダウンスイングの練習をしていた。

「智、家に帰って荷物置いてから打ち上げに行こう。」

「うん……いいけど?」

「帰ろう。」

野球のルールを作ったのはアメリカの誰《だれ》だったろう。いや、イギリス人だっただろうか。野球の歴史など徹夫は何も知らないが、ホームベースという言葉を作った誰かさんに「ありがとう。」を言いたい気分だった。

家――だ。野球とは、家を飛び出すことで始まり、家に帰ってくる回数を競《きそ》うスポーツなのだ。

バックネット裏にとめた自転車に向かって、智と並んで歩いた。何も話さなかった。黙《だま》ったまま帰ればいい。玄関《げんかん》には、智より先に入るつもりだ。「お帰り!」と声を掛《か》けてやる。⑤ホームインの瞬間《しゅんかん》を見届けてやる。

重松 清「卒業ホームラン」〈「日曜日の夕刊」〉より

❷ ――線の片仮名を漢字で書きなさい。

❶ 野球部のカントク。
❷ カセンの氾濫《はんらん》を防ぐ。
❸ キドアイラクが顔に出る。
❹ ジュクに通う。

❶						❷	
(1)	(2)	(3) ❶	(3) ❷	(4)	(5)	❶ ❷	❸ ❹
10点	10点	15点	10点	15点	20点		各5点

成績評価の観点 思…思考・判断・表現

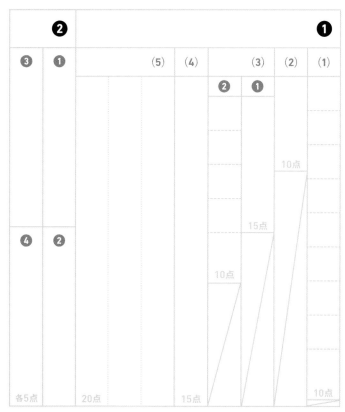

Step 1

黄金の扇風《せんぷう》機

15分

1 文章を読んで、問いに答えなさい。

▼教 92ページ2行～93ページ13行

　ところが、それから三、四年ほどたった頃《ころ》だ。①店で見かける電化製品や家具などの趣味《しゅみ》が、明らかに変わってきたことに気づいた。

　例えば、数年前にはなかなか見つからなかった黒いシンプルな靴《くつ》が目につくようになった。扇風機の羽も涼《すず》しげな色のものが増えてきた。女性たちの化粧《けしょう》も変化した。以前はエジプトで口紅といえば、たいていショッキングピンクか鮮《あざ》やかな赤だったのが、シックなブラウン系の口紅をつけた女性を見かけるようになった。それでも日本と比べれば十分華《はな》やかなのだが、②以前と比べると違和《いわ》感は明らかに減った。

　言えることは二つある。一つは、さっきも言ったように、何を美しいと感じるかは文化や地域によって、さまざまだということ。もう一つは、その感覚は絶対的なものではなくて、時代とともに、あるいは何かのきっかけがあれば「変わる」ということだ。

　ただ、気になることもある。それはエジプトでも感じたように、美意識の違《ちが》いによる違和感が、世界的にだんだん薄《うす》れてきていることだ。

　エジプトにいながら、シンプルな黒い靴や、涼しげな色の扇風機が手に入るのは、そこで生活していた僕《ぼく》たちにとっては歓迎《かんげい》すべきことだった。けれども、それは逆に言えば、金色の扇風機の羽を美

(1) ――線①「店で見かける電化製品や家具などの趣味が、明らかに変わってきたことに気づいた」とありますが、このことによって、筆者はどのようなことが言えると述べていますか。次から一つ選び、記号で答えなさい。

ア 美の感覚はある地域や文化の中ではずっと変わらないこと。
イ 美意識は時代や何かのきっかけによって変化していくこと。
ウ 現代社会で美意識の地域差がなくなるのは仕方がないこと。

(2) ――線②「以前と比べると違和感は明らかに減った」とありますが、このような状況《じょうきょう》を招いている要因として筆者が挙げているものを文章中から二つ、それぞれ十字以内で抜《ぬ》き出しなさい。

(3) ――線③「エジプト人も……感じるようになること」に対する筆者の考えを次から一つ選び、記号で答えなさい。

ア どの地域や文化にも独自の美の基準があるのはすばらしい。
イ 世界各地で美しさの基準がそろってきたのは、いいことだ。
ウ 美しいと感じる基準が世界中で似てくるのは、気がかりだ。

しいと感じる感覚が、エジプトから失われることを意味する。日本人からすれば、「金色の羽はちょっと……」というのは平均的な感じ方だろう。しかし、③エジプト人も、あるいはほかの国の人たちも、同じように「金色の羽はちょっと……」と感じるようになることが、本当にいいことなのだろうか。

現在はグローバリズムの浸透《しんとう》や、テレビやネットなどの情報メディアの普及《ふきゅう》によって、世界中の価値観が徐々《じょじょ》に似通ってきているように思う。先進国で美しいとされるものが、異なる文化や歴史を持つ国であっても美しいとされるようになってきているのである。

例えば、シックなものやシンプルなものがいいというのも、欧米《おうべい》文化の中で、たまたま現在はそういう価値観が受け入れられているということである。しかし、その価値観だけが支配的になってしまうことは、そうでない見方を否定し、劣《おと》ったものと見なしてしまうような乱暴な考え方にも結び付きかねない。

④美しさとはさまざまであり、しかも、それは変化する。怖《こわ》いのは、そのダイナミックな感覚が失われ、ある特定のものだけを美しいと見なすような、⑤こわばった見方に陥《おちい》ってしまうことだ。あるいはその逆に、美しさはさまざまだからといって、自分の感じる美しさの中にとどまり続けることは、⑥かえって世界の美しさを見落とすことにもなりかねない。

「美しい町」や「美しい風景」が初めからあるのではない。そこに美しさを見いだすのは、それを見る我々のほうである。心をしなやかに持つことによって、世界はいくらでも新しい美しさを見せてくれるはずだ。田中真知「黄金の扇風機」〈「美しいをさがす旅にでよう」〉より

(4) ――線④「美しさとはさまざまであり、しかも、それは変化する」とはどういうことですか。次から一つ選び、記号で答えなさい。

ア 人が何かを美しいと思う感覚は文化や歴史などによって異なり、さらに、同じ場所でも時代によって変わっていくということ。

イ 世界の中にはさまざまな美しいものがたくさんあり、そして、その美しいものは不変ではなく、日々変化していくということ。

ウ すでに美しいものはたくさんあるが、何が美しいと考えるかの価値観は変化するので、美しいものが増えていくということ。

(5) ――線⑤「こわばった見方に陥ってしまう」、⑥「世界の美しさを見落とす」とありますが、こうならないためにどんなことが必要なのですか。書きなさい。

ヒント

(4) エジプトで美しいとされるものが変化してきていることから考える。文化や地域、また、時代によって変わっていくのだ。

Step 1

サハラ砂《さ》漠《ばく》の茶会

15分

❶ 文章を読んで、問いに答えなさい。

▼教 96ページ6行～97ページ14行

例えば、①ベートーベンやバッハの音楽は、ドイツ人にしか理解できないものでしょうか。ある日本人の演奏家が、「ドイツ人の音楽が日本人に分かるのか、西洋の音楽を日本人が心から理解できるのか。」と批判されたという話があります。ベートーベンやバッハは確かにドイツという国に生まれました。しかし、彼《かれ》らの音楽はその国の人々だけのものなのでしょうか。そして本当に理解できるのもその国の人々だけなのでしょうか。私《わたし》はそうは思いません。

芸術作品は発表されたその瞬間《しゅんかん》に、「皆《みな》のもの」になるからです。ですからベートーベンやバッハの曲も発表されたときに、皆のものになったのです。芸術は人類皆のものであり、人々がその曲を同じように聴《き》くことによって体験できる「何か」がとても大切なのです。それを教えてくれるのが美的体験なのです。そしてそのような、全てを超《こ》えて伝わってゆくもののことを芸術というのです。

私はアフリカで②遊牧民の少年が野に咲《さ》く花を摘《つ》み、遠来の旅行者にプレゼントする光景を目撃《もくげき》したことがあります。少年は何の考えも情報もなく、花を美しいと感じ、はるばるどこか遠い所から来た人も、この美しい花をきっと美しいと感じるにちがいないと確信して、喜ぶだろうと思い、差し出したわけです。もちろんその旅行者は、「ビューティフル」と言って③少年の心と花の美しさを感じたわ

---

❶ (1) ――線①「ベートーベンや……でしょうか」について答えなさい。

❶ これについて筆者はどのように考えていますか。次から一つ選び、記号で答えなさい。

ア 日本人であっても、西洋の音楽を理解できる。

イ ドイツの音楽を理解できるのはドイツ人だけだ。

ウ 西洋の音楽に日本人が追いつくことはできない。

（　　）

❷ 筆者が❶のように考える理由が書かれた部分を文章中から二十七字で探し、初めと終わりの五字を抜《ぬ》き出しなさい。（句読点や符号《ふごう》も含《ふく》む。）

□□□□□～□□□□□

(2) ――線②「遊牧民の少年が野に咲く花を摘み、遠来の旅行者にプレゼントする光景を目撃した」ことを書くことで、筆者が伝えたいのはどのようなことですか。文章中から一文で探し、初めの五字を抜き出しなさい。

□□□□□

(3) ――線③「少年の心」とありますが、このときの少年の思いに最も近いものを次から一つ選び、記号で答えなさい。

ア 花は、お金のない今の自分ができる精いっぱいのおくり物だ。

イ 異国の人にアフリカの花についてもっと知ってもらいたい。

けです。私はその姿を見て、心から感動したのです。美しいものは誰《だれ》が見ても美しいのです。

人間は驚くほど皆同じであり、うれしければ笑い、悲しければ泣く。おいしいものを食べればおいしいと感じる。国境や民族、宗教そして思想をも超えて、人間は皆同じなのです。

そのことを伝えるのが④美の役割です。「私たちとあなたたちとは話をしてもとうてい分かり合えない。」この考え方が、現代のさまざまな問題の根にあります。しかし美を共通の体験として人々は、あなたと私は同じ人間なのだ、ということを知ることができるのです。

いつしか、⑤「人間は皆同じである」という感覚が人々に欠如《けつじょ》し始めました。その理由には、宗教や政治や思想の違《ちが》い、経済格差の問題などが挙げられます。しかし、美はその垣根《かきね》を取り払《はら》い、「人間は皆同じである」という大切なことを教えてくれるのです。美は特にこの時代に、とても大切なメッセージを私たちに送り続けているのです。

千住博「サハラ砂漠の茶会」〈「美は時を超える」〉より

ウ　自分の感じた野の花の美しさは旅行者と共有できるはずだ。

（　　）

(4)　――線④「美の役割」とは、どのようなことですか。次の文の□に当てはまる言葉を、文章中から九字で抜き出しなさい。

・□ということを伝えること。

(5)　――線⑤『人間は皆同じである』という感覚が人々に欠如し始めました」とありますが、それはなぜですか。次の文の□に当てはまる言葉を、文章中から二十一字で抜き出しなさい。（句読点を含む。）

・□があるから。

ヒント

(3)　傍線《ぼうせん》部の前の文「……差し出したわけです」に合うものを選ぼう。

(4)　前にある「そのこと」が指す内容を答えよう。

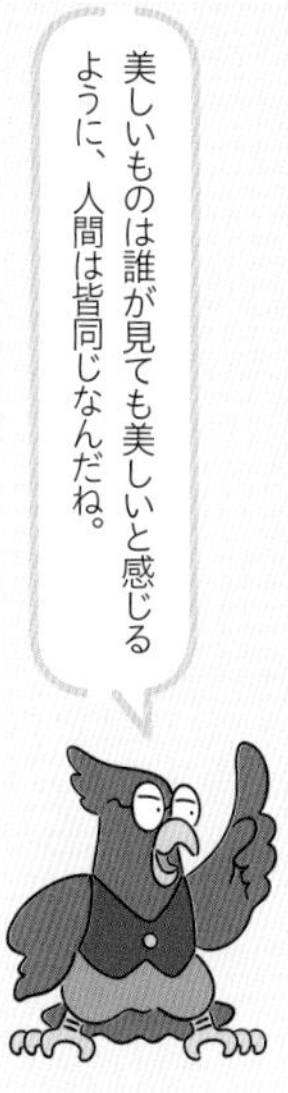
美しいものは誰が見ても美しいと感じるように、人間は皆同じなんだね。

Step 2

黄金の扇風《せんぷう》機／サハラ砂《さ》漠《ばく》の茶会

20分

／100
目標 75点

1 文章を読んで、問いに答えなさい。思

▼教 92ページ20行～93ページ13行・96ページ17行～97ページ14行

Ⅰ

現在はグローバリズムの浸透《しんとう》や、テレビやネットなどの情報メディアの普及《ふきゅう》によって、世界中の価値観が徐々《じょじょ》に似通ってきているように思う。①先進国で美しいとされるものが、異なる文化や歴史を持つ国であっても美しいとされるようになってきているのである。

例えば、シックなものやシンプルなものがいいというのも、欧米《おうべい》文化の中で、たまたま現在はそういう価値観が受け入れられているということである。しかし、その価値観だけが支配的になってしまうことは、そうでない見方を否定し、劣《おと》ったものと見なしてしまうような乱暴な考え方にも結び付きかねない。

美しさとはさまざまであり、しかも、それは変化する。怖《こわ》いのは、そのダイナミックな感覚が失われ、ある特定のものだけを美しいと見なすような、こわばった見方に陥《おちい》ってしまうことだ。あるいはその逆に、美しさはさまざまだからといって、自分の感じる美しさの中にとどまり続けることは、かえって世界の美しさを見落とすことにもなりかねない。

「美しい町」や「美しい風景」が初めからあるのではない。そこに美しさを見いだすのは、それを見る我々のほうである。心をしな

(1) ——線①「先進国で……なってきている」について答えなさい。

❶ 「先進国で美しいとされるもの」として、ここでは具体的にどんなものが挙げられていますか。文章中から十四字で探し、初めの五字を抜《ぬ》き出しなさい。

❷ これは、どんな考え方に陥る危険性があると筆者は考えていますか。文章中の言葉を使って書きなさい。

(2) ——線②「人間は皆同じ」について答えなさい。

❶ 筆者がこう感じたのは、具体的にどんな体験からですか。次の文の□に当てはまる言葉をAは二十字以上、二十五字以内で書き、Bは文章中から十四字で抜き出しなさい。

・アフリカの少年が、［A］と思って旅行者にプレゼントし、旅行者が［B］ところを見た体験。

❷ このように思えるのは何の力によるものですか。文章中から一字で抜き出しなさい。

点UP

(3) ⅠとⅡの文章にそれぞれ書かれている「美しさ」について、次のようにまとめました。□に当てはまる言葉をAは「価値観」「変化」、Bは「体験」「人間」という言葉を使って書きなさい。

・Ⅰでは美しさとは［A］とあるが、Ⅱでは美しいものは［B］とある。

やかに持つことによって、世界はいくらでも新しい美しさを見せてくれるはずだ。田中真知「黄金の扇風機」〈「美しいをさがす旅にでよう」〉より

Ⅱ

私《わたし》はアフリカで遊牧民の少年が野に咲《さ》く花を摘《つ》み、遠来の旅行者にプレゼントする光景を目撃《もくげき》したことがあります。少年は何の考えも情報もなく、花を美しいと感じ、はるばるどこか遠い所から来た人も、この美しい花をきっと美しいと感じるにちがいないと確信して、喜ぶだろうと思い、差し出したわけです。もちろんその旅行者は、「ビューティフル」と言って少年の心と花の美しさを感じたわけです。私はその姿を見て、心から感動したのです。美しいものは誰《だれ》が見ても美しいのです。

人間は驚《おどろ》くほど皆《みな》同じであり、うれしければ笑い、悲しければ泣く。おいしいものを食べればおいしいと感じる。国境や民族、宗教そして思想をも超《こ》えて、②人間は皆同じなのです。

そのことを伝えるのが美の役割です。「私たちとあなたたちとは話をしてもとうてい分かり合えない。」この考え方が、現代のさまざまな問題の根にあります。しかし美を共通の体験として人々は、あなたと私は同じ人間なのだ、ということを知ることができるのです。

いつしか、「人間は皆同じである」という感覚が人々に欠如《けつじょ》し始めました。その理由には、宗教や政治や思想の違《ちが》い、経済格差の問題などが挙げられます。しかし、美はその垣根《かきね》を取り払《はら》い、「人間は皆同じである」という大切なことを教えてくれるのです。美は特にこの時代に、とても大切なメッセージを私たちに送り続けているのです。

千住 博「サハラ砂漠の茶会」〈「美は時を超える」〉より

2 ——線の片仮名を漢字で書きなさい。

① 魚のオひれに触《さわ》る。
② 部屋を花でカザる。
③ スズしい風が吹《ふ》く。
④ コーヒーをチュウシュツする。

1								2			
(1)		(2)			(3)			①	②	③	④
①	②	①		②	A	B					
		A	B								
10点	10点	各5点		10点	各20点			各5点			

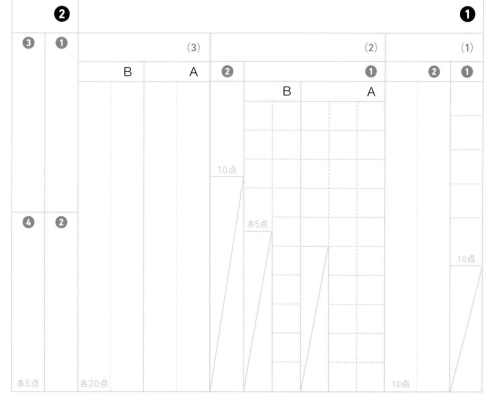

Step 2

文法の窓2　助詞／漢字道場4　同訓異字
（卒業ホームラン〜漢字道場4）

20分

／100
目標 75点

1 ——線の漢字の読み仮名を書きなさい。

1 頰が緩《ゆる》む。
2 腰《こし》を据える。
3 顎を触る。
4 柔軟な姿勢。
5 敵の策に陥る。
6 会の亭主。
7 明瞭な発音。
8 抽象的な絵。
9 開花が後れる。
10 果実を搾る。
11 書道を究める。
12 手術の痕がある。
13 勝利に賭ける。
14 商品を卸す。
15 長唄を習う。

1

1	5	9	13
2	6	10	14
3	7	11	15
4	8	12	

各2点

2 ——線の片仮名を漢字に直しなさい。

1 味方のオウエン。
2 ネバり気がある。
3 信念をツラヌく。
4 クツを履《は》く。
5 ケショウをする。
6 水をケイタイする。
7 セマい部屋。
8 庭のカキネ。
9 カタキを討《う》つ。
10 ケイリュウで遊ぶ。
11 行いをツツシむ。
12 テイサイを保つ。
13 味をトトノえる。
14 至難のワザだ。
15 カマメシを食べる。

2

1	5	9	13
2	6	10	14
3	7	11	15
4	8	12	

各2点

❸ 助詞について、次の各問いに答えなさい。

(1) 次の――線の助詞の種類を後から一つずつ選び、記号で答えなさい。

❶ 一日だけ貸してほしい。　❷ その人に会ってみたい。
❸ 見たいが、時間がない。　❹ 昨日、夢を見たよ。

ア 格助詞　イ 接続助詞　ウ 副助詞　エ 終助詞

(2) 次の――線の助詞の意味を後から一つずつ選び、記号で答えなさい。

❶ 行ったのに誰《だれ》もいない。　❷ 学校から帰る。
❸ 一週間ほど留守にします。　❹ あなたも来ませんか。

ア 逆接　イ 起点　ウ 程度　エ 勧誘《かんゆう》　オ 理由

(3) 次の――線の語と意味・用法が同じものを後から一つずつ選び、記号で答えなさい。

❶ 雨の降る日は家で遊ぶ。
ア 図書館の本で調べる。　イ 絵を描《か》くのが好きだ。
ウ 姉の言うことを聞く。　エ どうして行くの。

❷ 駅で会う約束をする。
ア きれいで気持ちがいい。　イ 近所に住んでいる。
ウ わたしがこの家の主人である。　エ どこで食べようか。

❸					
(1)	❶	❷	❸	❹	各2点
(2)	❶	❷	❸	❹	各2点
(3)	❶	❷			各3点

❹ 次の――線の漢字を（　）から一つずつ選んで書きなさい。

❶ a 距離《きょり》をハカる。　b 合理化をハカる。
c 会議にハカる。　（図　諮　測）

❷ a 領土をオカす。　b 危険をオカす。
c 罪をオカす。　（侵　犯　冒）

❸ a 鎖《くさり》をタつ。　b 布をタつ。
c 消息をタつ。　（絶　断　裁）

❹				
❶	a	b	c	
❷	a	b	c	
❸	a	b	c	各2点

テストに出る

●助詞の種類
●格助詞…主に名詞の後に付く。例 花を見つける。
●接続助詞…活用する語に付く。例 走ったけれど遅《おく》れた。
●副助詞…意味を添《そ》える。例 私は中学生だ／鳥も走る。
●終助詞…気持ちを表す。例 少し休もうよ。

●助詞の識別
●助詞と同じ音でも、働きの違《ちが》うものがある。
例 教室で話そう。（格助詞）
店は混んでいる。（接続助詞「て」の濁《にご》ったもの）
あの服は華《はな》やかで美しい。（形容動詞の活用語尾《ごび》）
これがユニフォームである。（助動詞「だ」の連用形）

Step 1

落葉松《からまつ》

❶ 詩を読んで、問いに答えなさい。

▼㊙116ページ1行〜117ページ20行

落葉松

北原白秋《きたはらはくしゅう》

一

からまつの林を過ぎて、
からまつをしみじみと見き。
からまつはさびしかりけり。
たびゆくはさびしかりけり。

二

からまつの林を出《い》でて、
からまつの林に入《い》りぬ。
からまつの林に入りて、
また細く道はつづけり。

三

からまつの林の奥《おく》も
わが通る道はありけり。
霧雨《きりさめ》のかかる道なり。
山風のかよふ道なり。

四

からまつの林の道は
われのみか、ひともかよひぬ。
ほそぼそと通ふ道なり。
さびさびといそぐ道なり。

(1) この詩を用語・形式のうえから分類したものを次から一つ選び、記号で答えなさい。

ア 口語自由詩　イ 口語定型詩
ウ 文語自由詩　エ 文語定型詩

（　　）

(2) 第二連の2行目「からまつの林に入りぬ」とはどういう意味ですか。「という意味。」に続くように書きなさい。

（　　）という意味。

(3) 次の情景が描《えが》かれているのは、どの連ですか。一〜八の連の番号で答えなさい。

❶ 寂《さび》しい林の中で、以前通った人々のことを思いやっている情景。
❷ 雨の降る林の中で、鳥の声に静けさをかきたてられている情景。
❸ 足音を消して振《ふ》り返り、ただからまつと心を通わせている情景。

❶（　　）連　❷（　　）連　❸（　　）連

(4) 第八連の3・4行目「山川に山がはの音、／からまつにからまつのかぜ。」について答えなさい。

❶ 用いられている表現技法を次から二つ選び、記号で答えなさい。

ア 擬人《ぎじん》法　イ 擬態語　ウ 対句《ついく》
エ 倒置《とうち》　オ 体言止め　カ 反復

五

からまつの林を過ぎて、
ゆゑしらず歩みひそめつ。
からまつはさびしかりけり、
からまつとささやきにけり。

六

からまつの林を出でて、
浅間嶺《あさまね》にけぶり立つ見つ。
浅間嶺にけぶり立つ見つ。
からまつのまたそのうへに。

七

からまつの林の雨は
さびしけどいよよしづけし。
かんこ鳥鳴けるのみなる。
からまつの濡《ぬ》るるのみなる。

八

世の中よ、あはれなりけり。
常なけどうれしかりけり。
山川《やまがは》に山がはの音、
からまつにからまつのかぜ。

〈「白秋全集」〉より

（　　）（　　）

❷ どんな心情を表していますか。次の□に当てはまる言葉を後から一つずつ選び、記号で答えなさい。

・自然がそれぞれの A を立ててそこにあることを、 B の中の C として受けとめている。

ア 顔　イ 響《ひび》き　ウ 幸福
エ 環境《かんきょう》　オ 無常

A（　　）　B（　　）　C（　　）

ヒント

(1) 口語とは現代の言葉遣《づか》いのことで、文語とは昔の言葉遣いのこと。自由詩とは音数にきまりがないことで、定型詩とは一定の音数のきまりにしたがって書かれた詩のこと。これらをふまえ、「落葉松」が口語か文語か、自由詩か定型詩か考えよう。

(3) ❶「以前通った人々」とあるので、人がこの落葉松の林を通ったことが分かる描写《びょうしゃ》のある連を探そう。

(4) ❷第二～第七連は作者の周りの風景を描き、第八連で心情を述べている。

Aは「音」から考えられる言葉を選ぼう。B、Cは第八連の前半から考えよう。

Step 1

枕草子《まくらのそうし》・徒然草《つれづれぐさ》

15分

❶ 古文を読んで、問いに答えなさい。

▼教 120ページ9行～121ページ9行

春は①あけぼの。ⓐやうやう《だんだん》白くなりゆく山際《やまぎは》、少し明《あ》かりて《明るくなって》、紫《むらさき》だちたる《紫がかった雲が》雲の細くたなびきたる。

夏は夜。②月の頃《ころ》はさらなり、闇《やみ》もなほ、蛍《ほたる》の多く飛びちがひたる《飛び交《か》っている》。また、ただ一つ二つなど、ほのかにAうち光りて行《ゆ》くもⓑをかし《趣《おもむき》がある》。雨など降るもをかし。

秋は夕暮れ。夕日の差して山の端《は》いと近《ちか》うなりたるに《たいへん近くなった頃に》、烏《からす》の寝所《ねどころ》へ行くとて《行くというので》、三《み》つ四《よ》つ、二つ三つなどB飛び急ぐ《急いで飛んでいくのまでも》さへあはれなり。まいて、雁《かり》などの連ねたるが《列を作って（飛んで）いるのが》、いと小さく見ゆるは、いとをかし。日入《い》り果てて、風の音《おと》、虫の音《ね》など、はた言ふべきにあらず《また言うまでもない》。

(1) 〰線ⓐ「やうやう」、ⓑ「をかし」を、現代仮名遣《かなづか》いに直して書きなさい。

ⓐ（　　　）　ⓑ（　　　）

(2) ‖線A「うち光りて行く」、B「飛び急ぐ」、C「ゆるびもていけば」の主語となる言葉を、A、Bは古文中から抜《ぬ》き出し、Cは考えて書きなさい。

A（　　　）　B（　　　）

C（　　　）

(3) ――線①「あけぼの」の意味する時間帯を次から選び、記号で答えなさい。

ア　夜明け前　イ　夜が明ける頃　ウ　日が沈《しず》む頃

エ　早朝　オ　昼頃　カ　夕方

（　　　）

(4) ――線②「月の頃はさらなり」の解釈《かいしゃく》として適切なものを次から一つ選び、記号で答えなさい。

ア　月の明るい夜は言うまでもなくよい。

イ　月の美しい夜はどこにいてもよい。

ウ　月の出ていない夜はいっそう暗いのがよい。

（　　　）

冬はつとめて《早朝》。雪の降りたるは言ふべきにもあらず、霜《しも》のいと白きも、またさらでも《そうでなくても》、いと寒きに、火など急ぎおこして、炭持《も》て渡《わた》るも、③いとつきづきし。昼になりて、Cぬるくゆるびもていけば《だんだん暖かくなって》、火《ひ》桶《をけ》の火も、白き灰がちになりてわろし《白い灰ばかりになってみっともない》。

「枕草子・徒然草」より

(5) ――線③「いとつきづきし」とありますが、どういうことですか。それを説明した次の文の□に当てはまる言葉を、それぞれ古文中から漢字一字で抜き出しなさい。

・急いで A を用意している様子が、いかにも B の朝らしくてよいということ。

A □　B □

(6) 古文全体の説明として適切なものを次から一つ選び、記号で答えなさい。

ア 季節の自然を、対象を一つに絞《しぼ》って観察して述べている。
イ 四季折々のよさを、独自の感受性で捉《とら》えて述べている。
ウ 季節ごとの違《ちが》いを、時間帯を決めて観察して述べている。

（　　）

ヒント

(5) 「つきづきし」は似つかわしいという意味で、その季節に似つかわしい、ということである。Aは直前の内容から判断しよう。Bはこの段落ではいつのことを述べているのかに注意して考えよう。

(6) 段落は「春はあけぼの」「夏は夜」「秋は夕暮れ」「冬はつとめて」で始まっている。

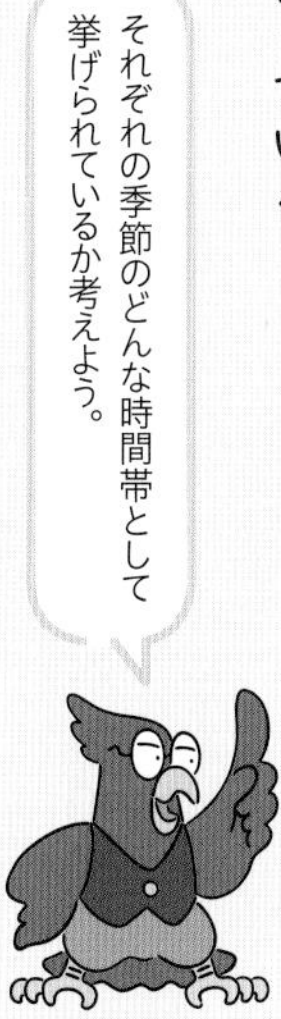
それぞれの季節のどんな時間帯として挙げられているか考えよう。

Step 2

枕草子《まくらのそうし》・徒然草《つれづれぐさ》

20分

/100

目標 75点

❶ 文章を読んで、問いに答えなさい。思

▼教 126ページ上2行～14行・下1行～19行

仁和寺《にんなじ》にある法師、年寄るまで石清水《いはしみづ》を拝まざりければ、心憂《う》く覚えて、あるとき思ひ立ちて、ただ一人、徒歩《かち》より詣《まう》でけり。極楽《ごくらく》寺《じ》・高良《かうら》などを拝みて、①かばかりと心得て帰りにけり。

さて、かたへの人にあひて、「②年ごろ思ひつること、果たしはべりぬ。聞きしにも過ぎて尊くこそⓐおはしけれ。そも、参りたる人ごとに山へ登りしは、何事かありけん、③ゆかしかりしかど、神へ参るこそ本意《ほい》なれと思ひて、④山までは見ず。」とぞⓑ言ひける。

少しのことにも、先達《せんだち》はあらまほしきことなり。

仁和寺にいたある法師が、年を取るまで石清水八幡宮《はちまんぐう》を拝んだことがなかったので、残念に思って、あるとき思い立って、ただ一人で、徒歩で参詣《さんけい》した。極楽寺や高良社などを拝んで、これだけだと思い込《こ》んで帰ってしまった。

そして、仲間に向かって、「長年願っていたことを、果たしました。(話に)聞いていたのにも勝《まさ》って尊くいらっしゃいました。それにしても、参詣した人がみんな山に登っていたのは、何事があったのだろうか、知りたかったけれども、神に参詣することが本来の目的なのだと思って、山(の上)までは見ていません。」と言ったのだった。

少しのことにも、指導者がいてほしいものである。

(1) ――線①「かばかりと心得て」とはどういうことですか。次の文の□に当てはまる言葉を「極楽寺・高良」「石清水」の言葉を使って書きなさい。

・□と思い込んだということ。

(2) ――線②「年ごろ思いつること」の現代語訳を書きなさい。

(3) ==線ⓐ「おはしけれ」、ⓑ「言ひける」について答えなさい。

❶ それぞれの主語にあたる言葉を三字以内で古文中から抜《ぬ》き出しなさい。

❷ ⓐの「けれ」とⓑの「ける」は、「けり」が、係りの助詞との関係で変化したものです。文末の結びに影響《えいきょう》を与《あた》えている係りの助詞を、古文中からそれぞれ抜き出しなさい。

(4) ――線③「ゆかしかりしかど」について、ここでの意味の現代語訳を書きなさい。

(5) ――線④「山までは見ず」とありますが、「山」には何があったのですか。古文中から抜き出しなさい。

(6) 作者の考えについて答えなさい。

❶ 作者が自分の考えを述べている一文を古文中から探し、初めの五字を抜き出しなさい。

点UP

❷ 作者が❶のように考えた理由を説明した次の文の□に当てはまる言葉を書きなさい。

・法師は結局□ところが愚《おろ》かなことだから。

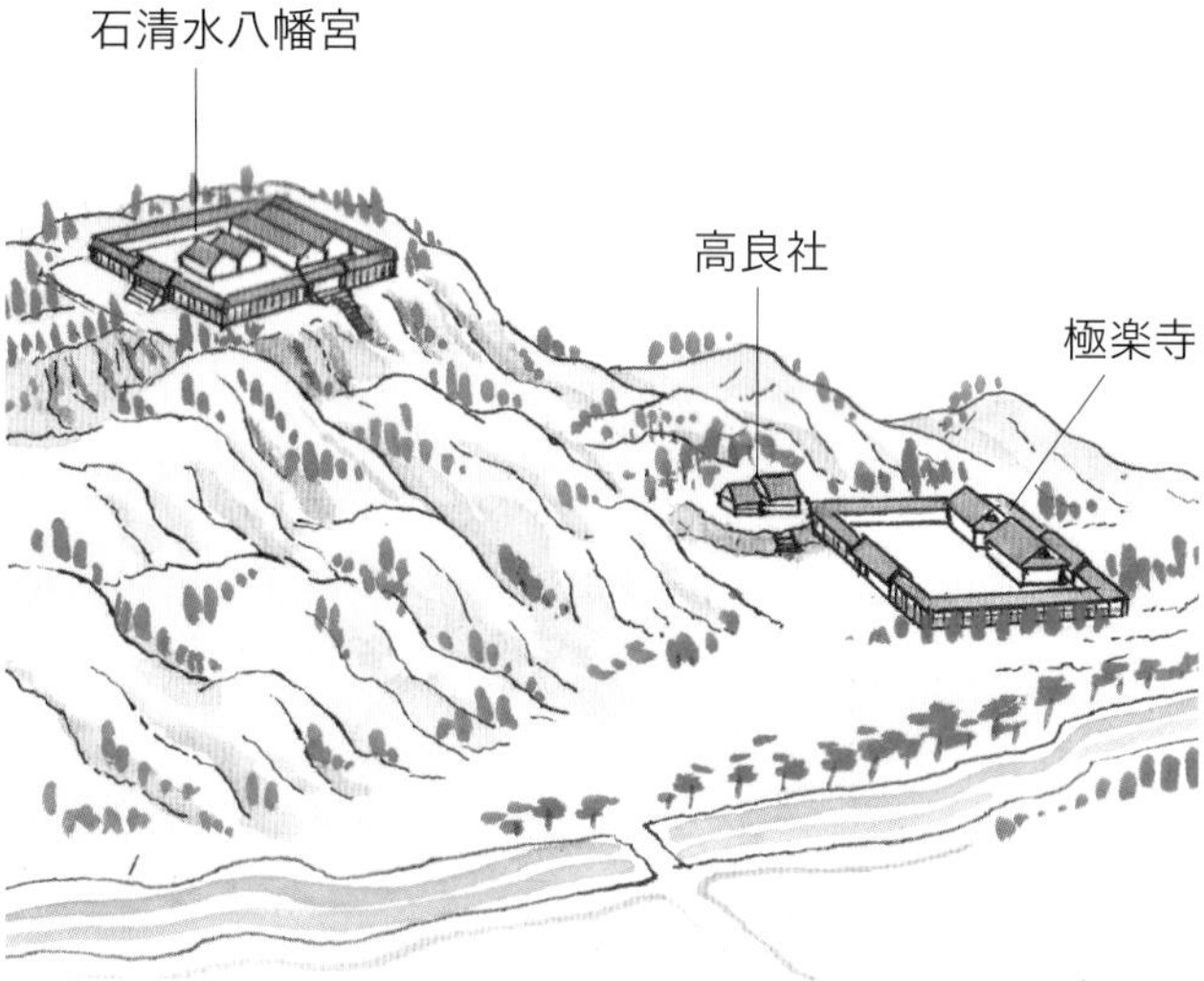

「枕草子・徒然草」より

❷ ——線の片仮名を漢字で書きなさい。

❶ カマクラ時代の文学作品。
❷ 地面にシモが降りる。
❸ ぶどうのフサを描《えが》く。
❹ 選手がカツヤクする。

❶								❷			
(1)	(2)	(3) ❶	(3) ❷	(4)	(5)	(6) ❶	(6) ❷	❶	❷	❸	❹
		ⓐ ⓑ	ⓐ ⓑ			5点					
10点	10点	各5点	各5点	15点	5点		15点			各5点	

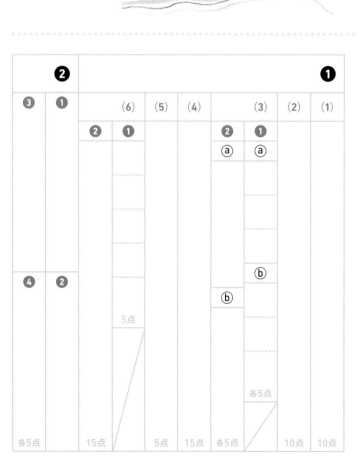

Step 1 平家物語《へいけものがたり》

15分

❶ 文章を読んで、問いに答えなさい。

▼教 129ページ3行～14行・138ページ上1行～139ページ上1行

Ⅰ

祇園精舎《ぎをんしやうじや》

①祇園精舎の鐘《かね》の声、諸行《しよぎやう》無常の響《ひび》きあり。娑羅双樹《しやらさうじゆ》の花の色、②盛《じやう》者必衰《しやひつすい》の理《ことわり》をあらはす。おごれる人も久しからず、ただ春の夜《よ》の夢のごとし。たけき者もつひには滅《ほろ》びぬ、ひとへに風の前の塵《ちり》に同じ。

祇園精舎の鐘の音には、諸行無常の響きがある。娑羅双樹の花の色は、勢いの盛《さか》んな者も必ず衰《おとろ》えるという道理を表している。権勢を誇《ほこ》っている人も長くは続かず、まるで（短くはかない）春の夜の夢のようである。勇猛《ゆうもう》な者もついには滅んでしまう、（その様子は）全く風の前の塵と同じである。

(1) ――線①「祇園精舎の鐘の声」と対《つい》になっている言葉を、Ⅰの古文中から抜《ぬ》き出しなさい。

（　　　　）

(2) ――線②「盛者必衰の理」と似た意味の言葉を、Ⅰの古文中から十字以上、十二字以内で二つ抜き出しなさい。

(3) Ⅰの文章に表れている思いに合うものを次から一つ選び、記号で答えなさい。

ア 美しいものは消えやすく意味がないという諦感《ていかん》。
イ 人の上に立ってもよいことはないという孤独《こどく》感。
ウ この世に変わらないものはないという無常観。

（　　　　）

(4) 〰線ⓐ「いづれも」、ⓑ「願はくは」を現代仮名遣《かなづか》いに直し、全て平仮名で書きなさい。

ⓐ（　　　　）　ⓑ（　　　　）

Ⅱ

頃《ころ》は二月《にんぐわつ》十八日の酉《とり》の刻ばかりのことなるに、折節北風激しくて、磯《いそ》打つ波も高かりけり。舟《ふね》は揺《ゆ》り上げ揺りする漂《ただよ》へば、扇《あふぎ》も串《くし》に定まらずひらめいたり。沖《おき》には平家《へいけ》、舟を一面に並べて見物す。陸《くが》には源氏《げんじ》、くつばみを並べてこれを見る。ⓐいづれもいづれも、③晴れならずといふことぞなき。

与一《よいち》、目をふさいで、「南無《なむ》八幡大菩薩《はちまんだいぼさつ》、我《わ》が国の神明《しんめい》、日光《につくわう》の権現《ごんげん》、宇都宮《うつのみや》、那須《なす》の湯泉大明神《ゆぜんだいみやうじん》、ⓑ願はくはあの扇の真ん中射させてたばせたまへ。これを射損ずるものならば、弓切り折り自害して、人に再び面《おもて》を向かふべからず。いま一度本国へ迎《むか》へんとおぼしめさば、この矢外させたまふな。」と、④心の内に祈念《きねん》して、目を見開いたれば、風も少し吹《ふ》き弱り、扇も射よげにぞなつたりける。

「平家物語」より

(5) ――線③「晴れならずといふことぞなき」とはどういうことですか。次から一つ選び、記号で答えなさい。

ア 空はきっと晴れるに違《ちが》いないということ。

イ 空が曇《くも》って雨までも降り出しそうだということ。

ウ 晴れがましい気持ちでいっぱいだということ。

（　　）

(6) ――線④「心の内に祈念して」について答えなさい。

❶ 「祈念して」の主語を、古文中から抜き出しなさい。

（　　）

❷ どんなことを願って祈ったのですか。それが分かる部分を、古文中から十七字と十字で二つ探し、初めと終わりの四字をそれぞれ抜き出しなさい。（句読点は含《ふく》まない。）

～

～

ヒント

(1) 対とは、ここでは言葉の並べ方などが同じ、または似ている表現になっていること。「祇園精舎の鐘の声」と同じ言葉の並びになっている部分を探そう。

(2) 「盛者必衰の理」とは、勢いの盛んな者も、必ず衰えるという意味。この意味と似た言葉を抜き出そう。

Step 2

平家物語《へいけものがたり》

20分

／100
目標 75点

❶ 文章を読んで、問いに答えなさい。 思

▼教 139ページ上2行～139ページ上13行・140ページ1行～上11行

　与一《よいち》、鏑《かぶら》を取つてつがひ、よつ引《ぴ》いてひやうど放つ。小兵《こひやう》といふぢやう、十二束三伏《そくみつぶせ》、弓は強し、浦響《うらひび》くほど長鳴りして、あやまたず扇《あふぎ》の要際《かなめぎは》一寸ばかりおいて、①ひいふつとぞ射切つたる。鏑は海へ入《い》りければ、扇は空へぞ上がりける。しばしは虚空《こくう》にひらめきけるが、春風に一もみ二もみもまれて、海へさつとぞ散つたりける。

　夕日《しづ》の輝《かかや》いたるに、皆紅《みなぐれなゐ》の扇の日出《い》だしたるが、白波《しらなみ》の上に漂ひ、②浮《う》きぬ沈みぬ揺《ゆ》られければ、③沖には平家、舟端《ふなばた》をたたいて感じたり。陸《くが》には源氏《げんじ》、箙《えびら》をたたいてどよめきけり。

　「那須与一《なすの》」の一節はこれで終わり、次の「弓流《ゆみながし》」に入ると、小《こ》舟《ぶね》に乗る一人の武士が感心して立ち上がり、舞《まい》を舞《ま》ったところ、再び義経《よしつね》の命令により、与一がこの者を射て倒《たお》すという、武士の世界の非情さを伝える話があります。

＊＊

　あまりのおもしろさに、感に堪《た》へざるにやとおぼしくて、舟の内より年五十ばかりなる男の、黒革縅《くろかはをどし》の鎧《よろひ》着て白柄《しらえ》の長刀《なぎなた》持つたるが、扇立てたりける所に立つて舞ひしめたり。伊勢三郎義盛《いせのさぶらうよしもり》、与一が後

(1) ――線①「ひいふつと」と同じように擬音《ぎおん》語として用いられている言葉を、古文中から四字と六字で抜《ぬ》き出しなさい。

(2) ――線②「浮きぬ沈みぬ揺られければ」は、何のどんな様子を表していますか。「～の、～様子。」という形で書きなさい。

(3) ――線③「沖には平家、……箙をたたいてどよめきけり」に用いられている表現技法を次から一つ選び、記号で答えなさい。

ア 擬人法《ぎじん》　イ 反復　ウ 対句《ついく》

(4) ――線④「『御定ぞ、つかまつれ。』と言ひければ」とはどういうことかを説明した次の文の□に当てはまる言葉を、Aは七字以上十字以内で書き、Bは古文中から抜き出しなさい。

・ A という義経の命令を義盛が B に対して伝えたということ。

(5) この文章に描《えが》かれた表現と内容の説明として適切でないものを次から一つ選び、記号で答えなさい。

ア 歯切れのよい文体で、戦場の様子を生き生きと伝えている。
イ 色を表す言葉を用い場面を色彩《しきさい》感豊かに描いている。
ウ 緊迫《きんぱく》する戦《いくさ》の中での安らぎと、心の交流を描いている。
エ 武士の名誉《めいよ》や忠誠を重んじる厳しい姿勢が表現されている。

点UP

(6) ――線⑤「平家の方には音もせず」とありますが、このときの平家の武士の思いはどのようなものですか。書きなさい。

ろへ歩ませ寄つて、④「御定《ごぢやう》ぞ、つかまつれ。」と言ひければ、今度は中差《なかざし》取つてうちくはせ、よつ引いてしや首の骨をひやうふつと射て、舟底《ふなぞこ》へ逆さまに射倒す。⑤平家の方《かた》には音もせず。源氏の方には、また箙をたたいてどよめきけり。「あ、射たり。」と言ふ人もあり、また、「情けなし。」と言ふ者もあり。

「平家物語」より

❷ ――線の片仮名を漢字で書きなさい。

❶ イクサに敗れる。
❷ 安全確保はヒッスだ。
❸ 名作のホマれが高い。
❹ 海をヒョウリュウする。

❶ (1)	❶ (2)	❶ (3)	❶ (4) A	❶ (4) B	❶ (5)	❶ (6)	❷ ❶	❷ ❷	❷ ❸	❷ ❹
完答10点	10点	10点	各10点		15点	15点	各5点			

成績評価の観点 思…思考・判断・表現

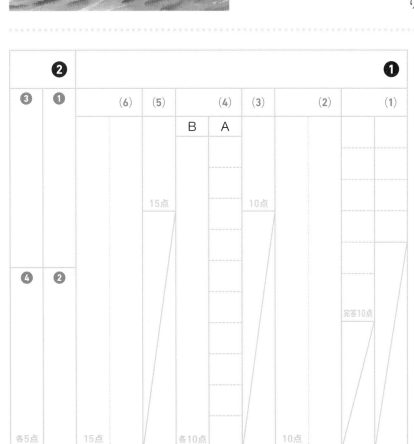

Step 1

漢詩

❶ 漢詩を読んで、問いに答えなさい。

▼㊖143ページ5行～9行・144ページ1行～9行

Ⅰ

黄鶴楼《くわうかくろう》にて孟浩然《まうかうねん》の広陵《くわうりよう》に之《ゆ》くを送る　李白《りはく》

故人西のかた黄鶴楼を辞し
煙花三月《えんくわさんぐわつ》揚州《やうしう》に下る
①孤帆《こはん》の遠影碧空《ゑんえいへきくう》に尽《つ》き
②唯《た》だ見る長江《ちやうかう》の天際《てんさい》に流るるを

故人西辞黄鶴楼
煙花三月下ル二揚州ニ一
孤帆ノ遠影碧空ニ尽キ
唯ダ見ル長江ノ天際ニ流ルルヲ

(1) Ⅰ・Ⅱの漢詩の形式を次から一つずつ選び、記号で答えなさい。

ア　五言絶句《ごごんぜつく》　イ　七言絶句《しちごん》　ウ　五言律詩《りつし》　エ　七言律詩

Ⅰ（　　）　Ⅱ（　　）

Ⅰの漢詩について答えなさい。

(2) 書き下し文にしたがって、「故人西辞黄鶴楼」に返り点と送り仮名《がな》をつけなさい。

故　人　西　辞　黄　鶴　楼

(3) ——線①「孤帆の遠影碧空に尽き」の情景の説明を次から一つ選び、記号で答えなさい。

ア　孤独《こどく》な私を乗せた船が、青空へと吸い込《こ》まれていく情景。
イ　友人を乗せた一そうの船が、遠く青空に消えていく情景。
ウ　友人を乗せた船の姿が、消えることなく青空に浮《う》かぶ情景。

（　　）

(4) ——線②「唯だ見る」というときの作者の心情を次から一つ選び、記号で答えなさい。

ア　友との別れを悲しみ嘆《なげ》く気持ち。
イ　友の船が行く長江をたたえる気持ち。
ウ　これからの友の旅の安全を祈《いの》る気持ち。

（　　）

15分

Ⅱ

春望《しゅんぼう》　杜甫《とほ》

③国《くに》破れて山河《さんが》在《あ》り
城《しろ》春にして草木《そうもく》深し
時に感じては花にも涙《なみだ》を濺《そそ》ぎ
別れを恨《うら》んでは鳥にも心を驚《おどろ》かす
烽火三月《ほうくわさんげつ》に連なり
家書万金《かしよばんきん》に抵《あ》たる
白頭《はくとう》掻《か》けば更《さら》に短く
④渾《すべ》て簪《しん》に勝《た》へざらんと欲《ほっ》す

国　破レテ山　河　在リ
城　春ニシテ草　木　深シ
感ジテハ㆑時ニ花ニモ濺ギ㆑涙ヲ
恨ンデハ㆑別レヲ鳥ニモ驚カス㆑心ヲ
烽　火　連ナリ㆓三　月ニ㆒
家　書　抵タル㆓万　金ニ㆒
白　頭　掻ケバ更ニ短ク
渾　欲　不《ざ》勝　簪

「漢詩」より

Ⅱの漢詩について答えなさい。

(5) ——線③「国破れて山河在り」とはどういうことですか。次から一つ選び、記号で答えなさい。

ア　都が戦乱で荒廃《こうはい》し、人の姿も見えなくなったということ。
イ　戦《いくさ》に負けた都にも、自然は元のまま存在するということ。
ウ　国が戦に負けたことを、山河も悲しんでいるということ。

（　　）

(6) ——線④「渾て簪に勝へざらんと欲す」について答えなさい。

❶ 書き下し文にしたがって、返り点と送り仮名をつけなさい。

渾　欲　不　勝　簪

（　　）

❷ 「簪」は冠《かんむり》に挿《さ》すピンのことですが、この句が表している様子として次の文の□に当てはまる言葉を書きなさい。

・冠のピンが挿せないほど、苦労のために作者の□が少なくなっていく様子。

（　　）

ヒント

(2)・(6)❶返り点とは漢字を読む順番を示す左下の符号《ふごう》。レ点は付いた漢字よりすぐ下の字を先に読み、次にレ点が付いた漢字を読む。一・二点は一点が付いた漢字までを先に読み、その後に二点が付いた漢字を読む。「不」は助詞なので書き下し文では平仮名で書くことにも注意しよう。

Step 2

文法の窓3　助動詞／漢字道場5　他教科で学ぶ漢字(2)

（落葉松《からまつ》～漢字道場5）

20分

／100

目標 75点

1 ――線の漢字の読み仮名を書きなさい。

1 滑稽な話。
2 宮廷の生活。
3 庶民の暮らし。
4 相手を洞察する。
5 寺社を詣でる。
6 鐘を鳴らす。
7 那須に出かける。
8 王に背く。
9 串に刺《さ》す。
10 唐の詩人。
11 俳諧を学ぶ。
12 暁に目覚める。
13 黄砂が舞《ま》う。
14 利益の還元。
15 硫酸を使う。

1			
1	5	9	13
2	6	10	14
3	7	11	15
4	8	12	

各2点

2 ――線の片仮名を漢字に直しなさい。

1 カンガイにふける。
2 ソウリョと会う。
3 祇園《ぎおん》ショウジャ
4 クレナイ色の服。
5 ハタチになる。
6 気分をソコねる。
7 メイヨを守る。
8 海にタダヨう。
9 オモテを上げる。
10 歌にカンタンする。
11 見るにタえない。
12 カブキを見る。
13 魚をカイボウする。
14 ハチミツを買う。
15 ズボンのスソ。

2			
1	5	9	13
2	6	10	14
3	7	11	15
4	8	12	

各2点

❸ 助動詞について、次の各問いに答えなさい。

(1) 次の文の単語の中から、助動詞を全て選び、記号で答えなさい。

・ア晴れるイとウ思っエたオが、カ雨キにクなるケらしい。

(2) 次の――線の助動詞の意味を後から一つずつ選び、記号で答えなさい。

❶ 昨日は暑かった。
❷ 明日は早く起きよう。
❸ 妹は楽しそうだ。
❹ 弟にご飯を食べさせる。
❺ 外で遊びたい。
❻ 先輩《せんぱい》に誘《さそ》われる。
❼ いっしょに行くらしい。
❽ 今は話せない。

ア 使役《しえき》　イ 過去　ウ 意志　エ 希望　オ 推定
カ 伝聞　キ 様態　ク 受け身　ケ 打ち消し

(3) 次の❶・❷の――線のうち、意味・用法の異なるものを一つずつ選び、記号で答えなさい。

❶ ア 何を聞かれても答えない。　イ 話はまだ終わらない。
ウ 言いたいことは特にない。　エ ひとりではできない。

❷ ア 本を読むのが好きだ。　イ 次は私の番だ。
ウ 主人公は十四歳《さい》の少年だ。　エ 不思議なことだ。

❸		
(1)		完答2点
(2)	❶	
	❷	
	❸	
	❹	
	❺	
	❻	
	❼	
	❽	各3点
(3)	❶	
	❷	各3点

❹ 次の――線の他教科で使われる言葉を漢字に直しなさい。

❶ 人口バクハツの起こった地域。
❷ ウキヨエを鑑賞《かんしょう》する。
❸ 牛などのカチクを飼う。
❹ 学校でヒナン訓練を行う。

❹	
❶	
❷	
❸	
❹	各2点

テストに出る

● 助動詞の意味

●れる・られる
例 兄に起こされる。→受け身
自然と思い起こされる。→自発
まだ食べられる。→可能
先生が言われる。→尊敬

●せる・させる
例 兄に来させる。→使役

●た
例 昨日は晴れた。→過去
お風呂《ふろ》からあがった。→完了《かんりょう》
さびた鉄だ。→存続

●う・よう・だろう
例 もう寝《ね》ようかな。→意志
明日は晴れるだろう。→推量《すいりょう》
いっしょに行こう。→勧誘《かんゆう》

●らしい
例 明日は晴れらしい。→推定

●そうだ・そうです
例 りんごが落ちそうだ。→様態

●そうだ・そうです
例 田中さんが来たそうです。→伝聞

● 助動詞の識別

例 ・暑くない。→形容詞 上に「は」が入る。
・暑いかもしれない。→助動詞「ぬ」に置き換《か》えられる。

例 ・風が爽《さわ》やかだ。→形容動詞「な」に変えて体言が続けられる。
・爽やかな風だ。→助動詞「な」に置き換えることができない。

Step 1

走れメロス

15分

1 文章を読んで、問いに答えなさい。

▼教 163ページ3行～165ページ2行

　ふと耳に、せんせん、水の流れる音が聞こえた。そっと頭をもたげ、息をのんで耳を澄《す》ました。すぐ足もとで、水が流れているらしい。よろよろ起き上がって、見ると、岩の裂《さ》け目からこんこんと、何か小さくささやきながら清水が湧《わ》き出ているのである。その泉に吸い込《こ》まれるようにメロスは身をかがめた。水を両手ですくって、一口飲んだ。ほうと長いため息が出て、①夢から覚めたような気がした。歩ける。行こう。肉体の疲労《ひろう》回復とともに、僅《わず》かながら②希望が生まれた。義務遂行《すいこう》の希望である。我が身を殺して、名誉《めいよ》を守る希望である。斜陽《しゃよう》は赤い光を、木々の葉に投じ、葉も枝も燃えるばかりに輝《かがや》いている。日没《にちぼつ》までには、まだ間《ま》がある。私《わたし》を、待っている人があるのだ。少しも疑わず、静かに期待してくれている人があるのだ。私は、信じられている。私の命なぞは、問題ではない。死んでおわび、などと気のいいことは言っておられぬ。私は、信頼《しんらい》に報《むく》いなければならぬ。③今はただその一事だ。走れ！　メロス。

　私は信頼されている。私は信頼されている。先刻の、あの悪魔《あくま》のささやきは、あれは夢だ。悪い夢だ。忘れてしまえ。五臓が疲《つか》れているときは、ふいとあんな悪い夢を見るものだ。メロス、おまえの恥《はじ》ではない。やはり、おまえは真の勇者だ。再び立って走れるようになったではないか。ありがたい！　私は、正義の士として死ぬこ

(1) ――線①「夢から覚めたような気がした」とありますが、どんな夢から覚めたのですか。次の□に当てはまる言葉を、文章中からAは七字、Bは二字で抜《ぬ》き出しなさい。

・A のような B 夢。

A □□□□□□□
B □□

(2) ――線②「希望が生まれた」とありますが、どんな希望ですか。文章中から七字で二つ抜き出しなさい。

□□□□□□□
□□□□□□□

(3) ――線③「今はただその一事だ」とありますが、「その一事」とはどんなことですか。書きなさい。

（　　　　）

(4) メロスが再び走る気力を取り戻した心情を暗示している情景描《びょう》写《しゃ》があります。その一文を第一段落から探して初めの五字を書きなさい。

□□□□□

とができるぞ。ああ、日が沈《しず》む。ずんずん沈む。待ってくれ、ゼウスよ。私は生まれたときから正直な男であった。正直な男のままにして死なせてください。

道行く人を押《お》しのけ、はね飛ばし、メロスは黒い風のように走った。野原で酒宴《しゅえん》の、その宴席の真っただ中を駆《か》け抜《ぬ》け、酒宴の人たちを仰天《ぎょうてん》させ、犬を蹴飛《けと》ばし、小川を飛び越《こ》え、少しずつ沈んでゆく太陽の、十倍も速く走った。一団の旅人とさっと擦《す》れ違《ちが》った瞬間《しゅんかん》、不吉《ふきつ》な会話を小耳に挟《はさ》んだ。「今頃《いまごろ》は、あの男も、はりつけにかかっているよ。」ああ、その男、その男のために私は、今こんなに走っているのだ。その男を死なせてはならない。急げ、メロス。遅《おく》れてはならぬ。愛と誠《まこと》の力を、今こそ知らせてやるがよい。風体《ふうてい》なんかは、どうでもいい。メロスは、今は、ほとんど全裸体《ぜんらたい》であった。呼吸もできず、二度、三度、口から血が噴《ふ》き出た。見える。はるか向こうに小さく、シラクスの町の塔楼《とうろう》が見える。塔楼は、夕日を受けてきらきら光っている。

「ああ、メロス様。」うめくような声が、風とともに聞こえた。

「誰《だれ》だ。」メロスは走りながら尋《たず》ねた。

「フィロストラトスでございます。あなたのお友達セリヌンティウス様の弟子《でし》でございます。」その若い石工《いしく》も、メロスの後について走りながら叫《さけ》んだ。「もう、だめでございます。無駄《むだ》でございます。走るのは、やめてください。もう、あのかたをお助けになることはできません。」

「いや、まだ日は沈まぬ。」

太宰治「走れメロス」〈「太宰治全集」〉より

(5) ━━線X「ああ、日が沈む」、Y「いや、まだ日は沈まぬ」に込《こ》められたメロスの心情を次から一つずつ選び、記号で答えなさい。

ア 時間が迫《せま》っていることに気づいて、あせりを感じている。
イ もう間に合わないと思って、絶望的な気持ちになっている。
ウ フィロストラトスに反発して、意固地《いこじ》になっている。
エ 信頼に報いるために、走るしかないと覚悟《かくご》を決めている。

X（　　）　Y（　　）

(6) この文章の表現の特色として適切でないものを次から一つ選び、記号で答えなさい。

ア 情景描写の中にメロスの心情が託《たく》されている。
イ 擬態《ぎたい》語や擬音語を用いて様子をいきいきと表現している。
ウ 出来事を第三者の目から冷静に観察して描《えが》いている。
エ 夕日の様子によって時間の推移を表している。

（　　）

ヒント

(2) 直後に「～希望である」と繰《く》り返されている部分に着目しよう。
(3) メロスが何のために走っているかを思い出そう。信頼して待ってくれている友との約束を守るためである。
(4) 第一段落で見られる情景描写は、清水の湧く様子と、斜陽が輝く様子である。ここから心情と結び付けて考えてみよう。

Step 2

走れメロス

20分

／100
目標 75点

❶ 文章を読んで、問いに答えなさい。思

▼教 165ページ11行～168ページ5行

「それだから、走るのだ。信じられているから走るのだ。間に合う、間に合わぬは問題でないのだ。人の命も問題でないのだ。私は、何だか、もっと恐《おそ》ろしく大きいもののために走っているのだ。ついてこい！ フィロストラトス。」

「ああ、あなたは気が狂《くる》ったか。それでは、うんと走るがいい。ひょっとしたら、間に合わぬものでもない。走るがいい。」

①言うにや及《およ》ぶ。まだ日は沈《しず》まぬ。最後の死力を尽《つ》くして、メロスは走った。メロスの頭は、空っぽだ。何ひとつ考えていない。ただ、訳の分からぬ大きな力に引きずられて走った。日は、ゆらゆら地平線に没《ぼっ》し、まさに最後の一片《いっぺん》の残光も、消えようとしたとき、メロスは疾風《しっぷう》のごとく刑場《けいじょう》に突入《とつにゅう》した。間に合った。

「待て。その人を殺してはならぬ。メロスが帰ってきた。約束のとおり、今、帰ってきた。」と大声で刑場の群衆に向かって叫《さけ》んだつもりであったが、喉《のど》がつぶれてしわがれた声がかすかに出たばかり、群衆は、一人として彼《かれ》の到着《とうちゃく》に気がつかない。既《すで》にはりつけの柱が高々と立てられ、縄《なわ》を打たれたセリヌンティウスは、徐々《じょじょ》につり上げられてゆく。メロスはそれを目撃《もくげき》して最後の勇、先刻、濁流《だくりゅう》を泳いだように群衆をかき分け、かき分け、

「②私《わたし》だ、刑吏《けいり》！ 殺されるのは、私だ。メロスだ。彼を人質《ひとじち》にした

(1) ――線①「言うにや及ぶ」とありますが、言う必要がなくメロスはどうするというのですか。簡潔に答えなさい。

(2) ――線②「私だ……ここにいる！」と叫んだときのメロスの気持ちを説明した次の文の□に当てはまる言葉を書きなさい。

・□しないでほしい。

(3) ――線③「私を殴れ」とメロスが言ったのはなぜですか。次から一つ選び、記号で答えなさい。

ア 到着が、日没《にちぼつ》の時間ぎりぎりになってしまったから。

イ 途中で行くのをやめようと思った罰《ばつ》を受けたいから。

ウ 友人を縄につながせるような事態にしてしまったから。

(4) ――線④「私を殴れ」とセリヌンティウスが言ったのはなぜですか。簡潔に答えなさい。

(5) ――線⑤「うれし泣き」とありますが、何がうれしかったのですか。次から一つ選び、記号で答えなさい。

ア お互《たが》い助かったこと。　イ 王を改心させられたこと。

ウ 約束を守れたこと。

点UP

(6) ――線⑥「どうか、わしをも仲間に入れてくれまいか」と王が言ったのはなぜですか。次の文の□に当てはまる言葉をAは二字で文章中から抜《ぬ》き出し、Bは十字以内で書きなさい。

・ A があることに気づき、 B と思ったから。

私は、ここにいる！」と、かすれた声で精いっぱいに叫びながら、ついにはりつり台に登り、つり上げられてゆく友の両足に、かじりついた。群衆は、どよめいた。あっぱれ。許せ、と口々にわめいた。セリヌンティウスの縄は、ほどかれたのである。

「セリヌンティウス。」メロスは目に涙《なみだ》を浮《う》かべて言った。「③私を殴《なぐ》れ。力いっぱいに頬《ほお》を殴れ。私は、途中《とちゅう》で一度、悪い夢を見た。君がもし私を殴ってくれなかったら、私は君と抱擁《ほうよう》する資格さえないのだ。殴れ。」

セリヌンティウスは、全てを察した様子でうなずき、刑場いっぱいに鳴り響《ひび》くほど音高くメロスの右頬を殴った。殴ってから優《やさ》しくほほ笑《え》み、

「メロス、④私を殴れ。同じくらい音高く私の頬を殴れ。私はこの三日の間、たった一度だけ、ちらと君を疑った。生まれて、初めて君を疑った。君が私を殴ってくれなければ、私は君と抱擁できない。」

メロスは腕《うで》にうなりをつけてセリヌンティウスの頬を殴った。

「ありがとう、友よ。」二人同時に言い、ひしと抱《だ》き合い、それから⑤うれし泣きにおいおい声を放って泣いた。

群衆の中からも、歔欷《きょき》の声が聞こえた。暴君ディオニスは、群衆の背後から二人のさまを、まじまじと見つめていたが、やがて静かに二人に近づき、顔を赤らめて、こう言った。

「おまえらの望みはかなったぞ。おまえらは、わしの心に勝ったのだ。信実とは、決して空虚《くうきょ》な妄想《もうそう》ではなかった。⑥どうか、わしをも仲間に入れてくれまいか。どうか、わしの願いを聞き入れて、おまえらの仲間の一人にしてほしい。」

どっと群衆の間に、歓声《かんせい》が起こった。

太宰治「走れメロス」〈「太宰治全集」〉より

2 ――線の片仮名を漢字で書きなさい。

1 邪知《じゃち》ボウギャクな君主。
2 ハナムコと花嫁《はなよめ》が並ぶ。
3 砂のカタマリができる。
4 コドクな気持ちになる。

1 (1)	1 (2)	1 (3)	1 (4)	1 (5)	1 (6) A	1 (6) B	2 ①	2 ②	2 ③	2 ④
10点	10点	10点	15点	10点	10点	15点			各5点	

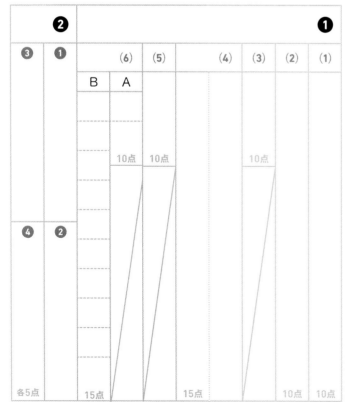

Step 2

日本語探検3 類義語・対義語（走れメロス〜日本語探検3）

20分

/100 目標 75点

1 ——線の漢字の読み仮名を書きなさい。

1 渡《わた》し守がいる。
2 誠の心を示す。
3 感情が渦巻く。
4 獅子《しし》奮迅の行動。
5 胴を覆《おお》う服。
6 山賊がいたらしい。
7 一斉に立つ。
8 空を仰ぐ。
9 真紅の花が咲《さ》く。
10 岩が裂ける。
11 町の塔楼。
12 王の暮らしを妄想する。
13 返事に憤慨する。
14 悦に入《い》った顔。
15 夭《よう》逝した作家。

1			
1	2	3	4
5	6	7	8
9	10	11	12
13	14	15	

各2点

2 ——線の片仮名を漢字に直しなさい。

1 トウゲを越《こ》える。
2 ナグると痛い。
3 気持ちがナえる。
4 イモムシがはう。
5 ヒレツな行いだ。
6 無罪ホウメン
7 ミニクい感情。
8 耳をスます。
9 任務スイコウ
10 ラタイ画を鑑賞《かんしょう》する。
11 イッペンの花びら。
12 シップウが吹《ふ》く。
13 友をホウヨウする。
14 クウキョな気分。
15 楽しくてアきない。

2			
1	2	3	4
5	6	7	8
9	10	11	12
13	14	15	

各2点

❸ 類義語と対義語について、次の各問いに答えなさい。

(1) 言葉の意味に注意して、［ ］に当てはまる――線の類義語と対義語を下から一つずつ選んで書きなさい。

Ⅰ類義語

❶ 山にのぼる。／屋上へ［ ］。
❷ 人気のある作家。／［ ］のある先生。
❸ 科学が進歩する。／交通が［ ］する。

あがる　たどる
発達　人望
人徳　進捗《しんちょく》

Ⅱ対義語

❶ 本を借りる。／本を［ ］。
❷ 広い場所で遊ぶ。／［ ］道を通る。
❸ 朝早い時間。／夜［ ］時間。

売る　貸す
遠い　遅《おそ》い
暗い　狭《せま》い

(2) 次の（ ）に当てはまる言葉を〔 〕から選んで書きなさい。

❶ 軒先《のきさき》に干し柿《がき》を（ ）。〔垂らす・つるす〕
❷ 革靴《かわぐつ》をぴかぴかに（ ）。〔みがく・ふく〕

(3) 次の（ ）に「やさしい」の対義語を書きなさい。

❶ あのコーチは（ ）。　❷ この問題は（ ）。

❸		
(1) Ⅰ	❶	
	❷	
	❸	
(1) Ⅱ	❶	
	❷	
	❸	各2点
(2)	❶	
	❷	各1点
(3)	❶	
	❷	各3点

❹ 次の語の❶～❺は類義語を、❻～❿は対義語を、それぞれ後から一つずつ選んで書きなさい。

❶ 短所　❷ 突然《とつぜん》　❸ 刊行　❹ 患者《かんじゃ》　❺ 実直
❻ 増加　❼ 創造　❽ 特殊《とくしゅ》　❾ 興奮　❿ 平凡《へいぼん》

病人　律儀《りちぎ》　模倣《もほう》　外見　一般《いっぱん》　不意　改善
禁止　冷静　非凡　薄情《はくじょう》　出版　欠点　減少

❹	
❶	❻
❷	❼
❸	❽
❹	❾
❺	❿
	各2点

テストに出る

類義語

●置き換えると不自然　例 歯にしみる。／インクがにじむ。
●置き換えられそう　例 鉄分が欠乏《けつぼう》する。／鉄分が不足する。

対義語

●一方が成り立てばもう一方が成り立たないもの
例 浅い⇔深い　抽象《ちゅうしょう》⇔具体　豊富⇔欠乏・不足
●一つのことを逆の立場から捉《とら》えたもの
例 捨てる⇔拾う　守備《しゅび》⇔攻撃《こうげき》　需要《じゅよう》⇔供給《きょうきゅう》
●複数の対義語があるもの
例 高い⇔低い・安い

Step 1

鰹節《かつおぶし》——世界に誇《ほこ》る伝統食

15分

1 文章を読んで、問いに答えなさい。

▼教 177ページ6行～178ページ3行

このように、カビ付けの工程で、鰹節菌《きん》にどんどん水分を吸い取らせることによって、鰹節を硬《かた》く乾燥《かんそう》させているのです。

それにしても、①なぜこんなに手間暇《てまひま》かけて鰹節を乾燥させるのか、皆《みな》さんは不思議に思いませんか。乾燥しているということにはどんな意味があるのでしょうか。

例えば、ここに生のイカとスルメがあるとします。これらをしばらく放置すると、生のイカには腐敗《ふはい》菌が付きます。生のイカには水分がたっぷりあるため腐敗菌はみるみる繁殖《はんしょく》して、イカはすぐに腐《くさ》ってしまいます。ところが、乾燥したスルメでは、同じ腐敗菌が「あ、スルメだ。これはうまそうだぞ。」と食いついたとたんに即死《そくし》してしまいます。スルメは乾燥しているため、腐敗菌の細胞《さいぼう》の水分は逆にスルメに吸収されてしまい、腐敗菌は死んでしまうのです。生のイカが腐り乾燥したスルメが腐らないのは、②そういう理由からです。スルメを腐らせようと思ったら水に浮《う》かせておけばすぐに腐ります。

つまり、乾燥した食べ物は、微生物《びせいぶつ》が増殖できないために腐らない。鰹も乾燥させることで、保存ができるようになるのです。

今の鰹節のようにいぶしてから乾燥し、カビ付けをするようになったのは、江戸《えど》時代の元禄《げんろく》年間（一六八八年～一七〇四年）の頃《ころ》といわれています。湿度《しつど》の高い環境《かんきょう》を好む③カビの性質をみごとに見ぬい

(1) ——線①「なぜこんなに手間暇かけて鰹節を乾燥させるのか」とありますが、この疑問の答えが分かる一文を探し、初めの五字を抜《ぬ》き出しなさい。

(2) ——線②「そういう理由」とはどんな理由かを説明した次の文の□に当てはまる言葉を、文章中からAは三字、Bは二字、Cは五字で抜き出しなさい。

・水分があると A が繁殖して腐るが、 B していると、腐敗菌の C を逆に奪《うば》って、腐敗菌は死んでしまうという理由。

A
B
C

(3) ——線③「カビの性質をみごとに見ぬいた鰹節の製法」とありますが、これをほぼ同じ内容で言い換《か》えている部分を、文章中から十七字で探し、初めの五字を抜き出しなさい。

(4) ——線④「冷蔵庫のなかった昔からの偉大なる知恵」とありま

た鰹節の製法は、世界に類例がなく、我《わ》が国の先達《せんだつ》たちの知恵《ちえ》の深さとユニークな発想には舌を巻きます。鰹節菌を巧《たく》みに応用した驚《きょう》異《い》の乾燥術は、食べ物を保存するための、④冷蔵庫のなかった昔からの偉大《いだい》なる知恵なのです。

小泉武夫「鰹節――世界に誇る伝統食」より

すが、そういえるのはなぜですか。次から一つ選び、記号で答えなさい。

ア　冷蔵庫がなかった時代は食べ物を長く運ぶことができないが、鰹節は海から離《はな》れたところでも食べられるから。

イ　冷蔵庫がなくてもいつでも鰹を食べることができるように、鰹を鰹節にしてだしをとるという工夫をしたから。

ウ　冷蔵庫がなければ食べ物はすぐに腐ってしまうが、知恵を使って水分を抜くことで腐らない鰹節を作ったから。

（　　）

(5)　筆者は鰹節をどのように評価していますか。次から一つ選び、記号で答えなさい。

ア　世界でもまれな優《すぐ》れた食べ物。

イ　世界で唯一《ゆいいつ》の貴重な食べ物。

ウ　世界中にある保存食の一つ。

（　　）

ヒント

(1)　鰹節を乾燥させることで何ができるようになったのだろう。

(4)　「冷蔵庫のなかった昔」は何ができず、鰹を保存するうえで不都合な点をどのように解決したのかを考える。

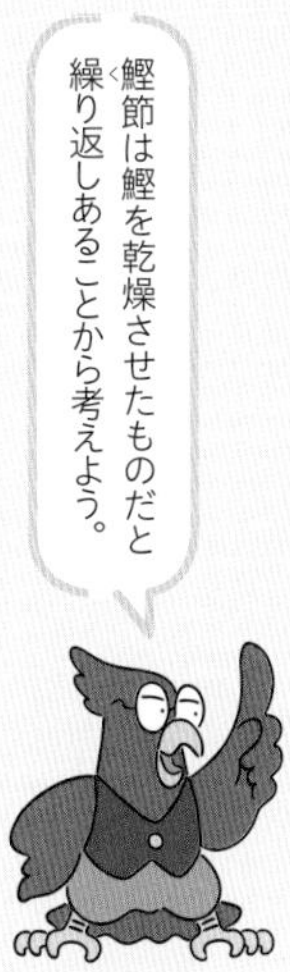
鰹節は鰹を乾燥させたものだと繰《く》り返しあることから考えよう。

Step 2

鰹節《かつおぶし》——世界に誇《ほこ》る伝統食

20分

/100 目標 75点

1 文章を読んで、問いに答えなさい。思

▼教178ページ4行～179ページ19行

さて、鰹節には、ほかにも食べ物として①たいへん優《すぐ》れていることがあります。カビ付けをした鰹節は、うまみ成分を極《きわ》めて多く含《ふく》みます。ですから、鰹節を削《けず》ってだしを取ると、料理はたちどころに美味になります。このうまみの主な成分はアミノ酸とイノシン酸です。鰹節菌《きん》は鰹節の水分を吸って繁殖《はんしょく》する一方で、タンパク質分解酵素《こうそ》を生産して、鰹のタンパク質をアミノ酸に分解しているのです。こうして、鰹節にはアミノ酸が蓄積《ちくせき》されます。また、鰹節にはイノシン酸も蓄積されています。このアミノ酸とイノシン酸の相乗効果で、鰹節はがぜんおいしくなるのです。

更《さら》に、この鰹節には②もう一つ驚《おどろ》くべきことがあります。それは鰹節でだしを取るとき、汁《しる》の表面に脂《あぶら》が浮《う》いてこないことです。鰹節を作る工程に脂を除く工程はありません。しかし、鰹というのは本来脂をたくさん持っている魚です。ではあの脂はどこへ消えたのでしょうか。それは、やはり鰹節菌が、鰹の油脂《ゆし》成分をみごとに分解しているのです。鰹節菌は油脂分解酵素を出して、油脂成分を脂肪《しぼう》酸とグリセリンに分解し、その分解したものを食べているのです。

日本のだしといえば、昆布《こんぶ》、しいたけ、鰹節がいわゆる三種の神器です。この三つからはいずれもすばらしいうまみが出て、しかも脂は出ません。西欧《せいおう》料理や中国料理のだし取りでは、とりがらや牛

(1) ——線①「たいへん優れていること」とはどのようなことですか。簡潔に答えなさい。

(2) ——線②「もう一つ驚くべきこと」について答えなさい。

❶ 何が驚くべきことか、十五字以上二十字以内で書きなさい。

❷ 「驚くべきこと」が起きる理由を説明した次の文の□に当てはまる言葉を、二十字以内で書きなさい。

・鰹節菌が□を食べているから。

(3) ——線③「日本料理の発展のための原動力ともなりました」とありますが、日本料理は、鰹節のどのような性質によって、どのような方向に発展してきたのですか。「だし」という言葉を使って、「～によって、～になった。」という形で書きなさい。

(4) この文章の内容として適切なものを次から一つ選び、記号で答えなさい。

ア 鰹節は長期保存が可能で、健康には極めてよい食品である。

イ 鰹節は昆布やしいたけよりも美味で最も優れた食品である。

ウ 鰹節は保存性に富み、文化遺産の和食を支える食品である。

点UP

(5) ——線④「鰹節を……思うのです」とありますが、筆者がそう考えた理由を「優れる」「うまみ調味料」という二つの言葉を使って四十字以内で書きなさい。「優れる」は活用させてかまいません。

の尾《お》、豚《ぶた》の足や骨、魚介類《ぎょかい》などを煮込《にこ》むため、油脂成分がスープの上に浮いてきます。しかし日本のだしには脂がない。脂がなくておいしいだしを持ったからこそ、日本料理は繊細《せんさい》になってきたわけです。懐石《かいせき》料理はすばらしい日本の料理ですが、それが世界からも芸術的なものとして評価されるのは、鰹節のだしという伝統技《わざ》があったからこそなのです。

以上のように、鰹節は、日本人の知恵《ちえ》の結晶《けっしょう》ともいえるすばらしい保存食品であり、③日本料理の発展のための原動力ともなりました。鰹節は、日本人が声を大にして世界に誇れる食べ物なのです。

しかし、今や、家庭で鰹節を削ることはほとんどなくなってしまいました。それだけではなく、鰹節でだしを取ることさえ少なくなってしまいました。では鰹節に取って代わったのは何かというと、うまみ調味料です。これを使えばだしは容易に取れるので、鰹節を使わなくてもよくなったのです。

鰹節を単にうまみ調味料に置き換《か》えるようなことは、日本人としては寂《さび》しい気がします。こんなにすばらしい食べ物が我々の世代で消えるというのは、本当にもったいないことです。食文化としての「和食」は、二〇一三年に世界の無形文化遺産に登録されました。和食を支える陰《かげ》の立役者ともいうべき④鰹節を次の世代に伝承するのも、私《わたし》たちの使命ではないかと思うのです。

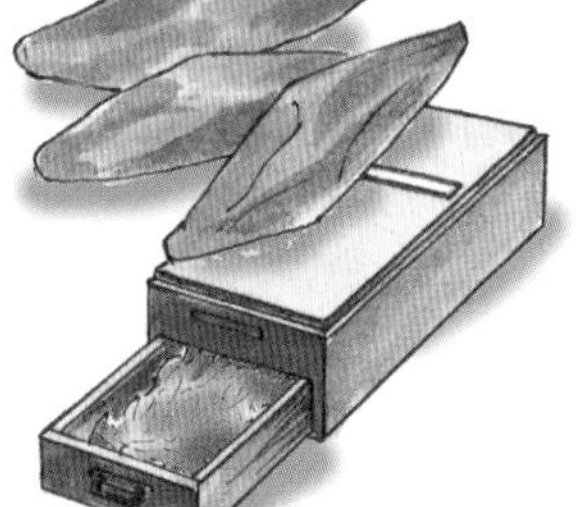

小泉武夫「鰹節――世界に誇る伝統食」より

❷ ――線の片仮名を漢字で書きなさい。

❶ シメった空気。

❷ 解決策をサグる。

❸ ツユが明ける。

❹ カンキョウのよい土地に住む。

❶							❷			
(1)	(2) ❶	(2) ❷	(3)	(4)	(5)		❶	❷	❸	❹
10点	各10点		10点	20点	20点		各5点			

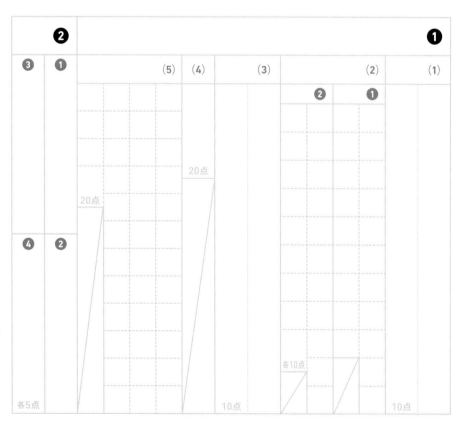

Step 1 「正しい」言葉は信じられるか

15分

1 文章を読んで、問いに答えなさい。

▼教 184ページ5行～186ページ12行

【Aさん】 犬と猫《ねこ》が写っている。
【Bさん】 猫と犬が写っている。

　Aさんも Bさんも同一の写真を見ている。しかし、その写真に写っているものを言葉で表現すると、写真の中にいる動物を登場させる順序が逆になっている。では、Aさん、Bさんのうち、どちらの表現が正しいのだろうか。これは言うまでもなく、①両方とも正しいのである。なぜなら、元の写真では、二匹《ひき》の動物は順序をつけて写っているのではないからだ。
　②映像表現では、少なくとも一つの場面においては、そこに描《えが》かれた情報は全て同時に示される。だが、③言語表現の場合は違《ちが》う。そこでは、情報は一つ一つ、順序をつけてでしか提示できない。したがって、今の問題のように、写真に写っているものを言葉で表現しようとすれば、もともと同時に示されていた情報を、どちらかを先に、どちらかを後にして表現しなければならない。そして、映像表現に限らず、我々の現実生活を言葉で表現しようとしても、同様に、本来順序のついていない情報に順序をつける必要が生じる。
　しかし、問題は、言葉による表現が、もともと順序のついていないものに順序をつけてしまうということそのものにあるのではない。

(1) ――線①「両方とも正しい」とありますが、その理由を文章中から三十一字で抜《ぬ》き出し、初めの五字を書きなさい。

□□□□□

(2) ――線②「映像表現」、③「言語表現」とありますが、それぞれの特徴《とくちょう》をまとめた次の文の□に当てはまる言葉を、文章中から抜き出しなさい。

・映像表現…一つの場面では、情報は全て□に示される。

・言語表現…一つ一つ順序をつけてしか示せないので、□ことが必要になる。

(3) ――線④「A新聞からは……与えられる」とありますが、なぜですか。簡潔に答えなさい。

（　　　）

それによって、ときとして、元の事実とは何の関係もない、ある効果が生じてしまうことである。これが、先のような例であれば、「犬と猫」と表現しても、「猫と犬」と表現しても、そこに大きな違いはない。だが、次の二つの新聞記事を読み比べてみよう。ある河川《かせん》の、護岸工事についての記事である。

【A新聞】

○○川の堤防《ていぼう》をコンクリートで固めたことで、付近の住民を長年苦しめてきた洪水《こうずい》の被害《ひがい》は少なくなった。だがこの工事によって、自然の景観や水辺の動植物の生態系が壊《こわ》されたのである。

【B新聞】

○○川の堤防をコンクリートで固めたことで、自然の景観や水辺の動植物の生態系は壊された。だがこの工事によって、付近の住民を長年苦しめてきた洪水の被害が少なくなったのである。

A新聞もB新聞も、与《あた》えている情報はほぼ同じである。しかし、二つの記事が読み手に与える印象はかなり異なる。④A新聞からは、工事に対して否定的な印象が与えられるが、B新聞からは、逆に肯《こう》定《てい》的な印象が与えられる。何かについて「よいこと」と「悪いこと」が並べられたとき、たいていは後に置かれたほうが強調されてしまうからである。だが、そうであっても、⑤この場合、どちらかの新聞が正しく、どちらかが間違っているということにはならない。事実に誤りがなければ、どちらの新聞も正しいことを述べているのである。

香西秀信「『正しい』言葉は信じられるか」より

(4) ――線⑤「この場合、どちらかの新聞が正しく、どちらかが間違っているということにはならない」とありますが、その理由を説明した次の文の□に当てはまる言葉を、文章中から抜き出しなさい。

・ある河川の護岸工事についての【A新聞】、【B新聞】の記事は、書かれている情報の Ⅰ が違うだけで、 Ⅱ に誤りがないなら、どちらも正しいことを述べているから。

Ⅰ □□

Ⅱ □□□□□□□

(5) この文章の内容に合うものを次から一つ選び、記号で答えなさい。

ア 映像や現実生活を言葉で表現することには限界があり、言葉の表現を信じてはいけない。

イ 同じ情報を言葉で表現するとしても、情報の順序によって読み手の印象が異なる。

ウ 情報の順序によって与える印象が異なるので、自分の主張はいちばん最後に書くべきだ。

（　　）

ヒント

(5) 文章と照らし合わせて考える。

ア「信じてはいけない」、イ「印象が異なる」、ウ「最後に書くべきだ」は、それぞれ文章に書かれているかな？

Step 2

「正しい」言葉は信じられるか

20分
／100
目標 75点

❶ 文章を読んで、問いに答えなさい。思

▼教 188ページ7行〜189ページ10行

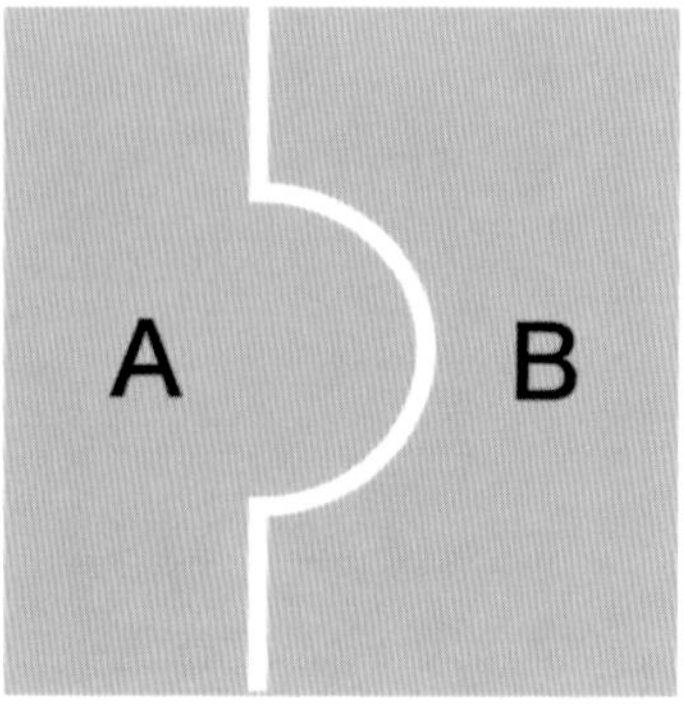

人間の性格などを表す言葉では、①言葉の選び方によって、長所を短所に表現したり、短所を長所に表現したりすることも可能となる。例えば、「陰気《いんき》な」人は「もの静かな」人と言ってもいい。「地味な」人柄《ひとがら》は「落ち着いた」人柄であり、「おせっかい」は「世話好き」である。人間の性格は、それを表現する言葉と本来的に結び付いているものではなく、見方によって長所になったり短所になったりする。これは、ちょうど上の図形が、Aから見れば「へこんでいる」が、Bからは「突《つ》き出ている」ように見えるのと同じである。

したがって、ある人物について明らかに異なった評価がなされたとき、どちらかが正しくどちらかが間違《まちが》っていると簡単に考えてはいけない。両方とも「正しい」――間違いではない――場合もありうるのである。例によって、二つの新聞記事を比較《ひかく》してみよう。

【A新聞】

（某氏《ぼうし》の性格について）――頑固《がんこ》で、柔軟《じゅうなん》性に欠け、融通《ゆうずう》が利《き》

(1) ――線①「言葉の選び方によって、……可能となる」とありますが、その理由を文章中の言葉を使って五十字以内で書きなさい。

(2) 【A新聞】と【B新聞】の例は何を言うためのものですか。次の文の□に当てはまる言葉を書きなさい。

・異なる評価の両方が□を示すため。

(3) ――線②『正しいこと』……人をだまし、欺く」について答えなさい。

❶ 「ときには」とありますが、例えばどのようなときですか。「新聞記事の」に続くように、文章中から三十七字で探し、初めの五字を抜《ぬ》き出しなさい。（句読点や符号《ふごう》を含《ふく》む。）

❷ その理由の説明を次から一つ選び、記号で答えなさい。

ア 正しく思えることの中にも、うそや誤りは交じっているものであるから。

イ 事実はいろいろな言葉で表現でき、使う人はそれを都合よく選べるものであるから。

ウ 事実は誰《だれ》にも分からないことで、言葉によって表現できるものではないから。

点UP

(4) この文章で筆者の伝えたいことは何ですか。「正しいこと」「事実と言葉」「視点」の言葉を使って書きなさい。

図：令和２年検定済 東京書籍 中国２年より

かない。自分の思いどおりに振《ふ》る舞《ま》い、周囲の意見に耳を傾《かたむ》けない。

【B新聞】

（某氏の性格について）——意志が強く、いちずな性格で、曲がったことが嫌《きら》い。自分の信念を貫《つらぬ》き、他人の意見に流されない。

私たちは、日常生活の中で、うそや誤りを警戒《けいかい》し、そういうものにだまされないよう用心する。だが、人をだますのは、うそや誤りだけではない。②「正しいこと」——間違いではないこと——も、ときには人をだまし、欺《あざむ》くのである。ここでは二つの新聞記事を比較したが、そのうちの片方だけを読み、そこに書かれていることをそのまま「事実」だと信じ込《こ》んだとき、その人は「正しいこと」にだまされているかもしれない。そうならないためにも、私たちは、言葉の持つ性質——事実と言葉との関係——をしっかりと理解し、物事を複数の視点から眺《なが》める習慣を身につけなければならない。

香西秀信「『正しい』言葉は信じられるか」より

❷ ——線の片仮名を漢字で書きなさい。

❶ 友人の話をコウテイする。　❷ 世界にショウゲキを与《あた》える。

❸ バセイを浴びせる。　❹ 彼《かれ》を次期部長にオす。

❶ (1)	❶ (2)	❶ (3) ①	❶ (3) ②	❶ (4)	❷ ❶	❷ ❷	❷ ❸	❷ ❹
15点	15点	15点	15点	20点				各5点

Step 2

漢字道場6 同音異義語
(鰹節《かつおぶし》——世界に誇《ほこ》る伝統食〜漢字道場6)

20分

/100 目標 75点

1 ——線の漢字の読み仮名を書きなさい。

1 腐敗菌が付く。
2 寺で合掌する。
3 邦人の旅行者。
4 大尉になる。
5 王城の外郭。
6 短歌の発祥。
7 人権を享有する。
8 交通費の倹約。
9 業務を委嘱する。
10 犯人の逮捕。
11 責任の放棄。
12 啓示を受けた出来事。
13 水分を摂取する。
14 陶器を重ねる。
15 妖怪の話を聞く。

1 各2点

1	5	9	13
2	6	10	14
3	7	11	15
4	8	12	

2 ——線の片仮名を漢字に直しなさい。

1 ブタを飼う。
2 車がコワれる。
3 アイマイに笑う。
4 ショウゲキ的な事件。
5 バトウされる。
6 服をユウズウする。
7 人をアザムく。
8 コクサイの発行。
9 福利コウセイ
10 本がタイセキする。
11 ジアイの心。
12 姿勢のキョウセイ。
13 朗読会をキカクする。
14 臨時のソチ。
15 ユウレイを信じる。

2 各2点

1	5	9	13
2	6	10	14
3	7	11	15
4	8	12	

❸ 同音異義語について、次の各問いに答えなさい。

(1) （　）に当てはまる漢字をそれぞれ［　］から選んで書きなさい。

❶ （　）跡をたどる。／（　）跡を起こす。　［奇　希　軌］

❷ （　）難訓練／失敗を（　）難される。　［非　被　避］

❸ 船の（　）路。／（　）路相談　［新　針　進］

(2) （　）に当てはまる言葉をそれぞれ［　］から選んで書きなさい。

❶ （　）を争う。　［派遣　覇権］

❷ 事件の（　）。　［捜査　操作］

❸ （　）に従う。　［指示　支持］

(3) 次の——線の片仮名を漢字に直しなさい。

❶ a 損害をホショウする。　b 品質をホショウする。

❷ a カンショウ的になる。　b 映画をカンショウする。

❸ a タイショウ的な性格。　b 調査のタイショウになる。

❹ a エイリ目的で販売する。　b エイリな刃物《はもの》。

❸

(1)	(2)	(3)	
❶ ／	❶	❶ a	❸ a
		b	b
❷ ／	❷	❷ a	❹ a
❸ ／	❸	b	b
完答各1点	各1点	各3点	

❹ 同音異義語について、次の各問いに答えなさい。

(1) 次の——線の漢字を、正しいものに改めなさい。

❶ 食べ物の消火を助ける。

❷ 観客席での応援《おうえん》が加熱する。

❸ 二つの意見が並行《へいこう》線をたどる。

❹ 脅威《きょうい》的な新記録が出る。

(2) 次の——線に当てはまる熟語をそれぞれ［　］から選んで書きなさい。

❶ 飛行機が着陸タイセイに入る。［態勢　体制　体勢］

❷ 板で棚《たな》をセイサクする。［制作　製作　政策］

❸ カキオリンピックを観戦する。［花器　夏季　夏期］

❹

(1)	(2)
❶	❶
❷	❷
❸	❸
❹	
各1点	各2点

テストに出る

同音異義語…同じ発音で意味が異なる語。

・一部の漢字が共通している同音異義語

例 感心な子供。／関心を持つ。／歓心を買う。

・共通する漢字のない同音異義語

例 天地創造／気持ちを想像する。

Step 1

わたしが一番きれいだったとき

❶ 詩を読んで、問いに答えなさい。

▼㊙208ページ1行～209ページ8行

わたしが一番きれいだったとき

茨木《いばらぎ》のり子《こ》

わたしが一番きれいだったとき
街々はがらがら崩《くず》れていって
とんでもないところから
青空なんかが見えたりした

わたしが一番きれいだったとき
まわりの人達《たち》が沢山《たくさん》死んだ
工場で　海で　名もない島で
わたしはおしゃれのきっかけを落《おと》してしまった

わたしが一番きれいだったとき
だれもやさしい贈物《おくりもの》を捧《ささ》げてはくれなかった
男たちは挙手の礼しか知らなくて
きれいな眼差《まなざし》だけを残し皆発《みなた》っていった

わたしが一番きれいだったとき
わたしの頭はからっぽで

---

(1) 詩の中で繰《く》り返されている「わたしが一番きれいだったとき」とは、どんなときを指していますか。次から一つ選び、記号で答えなさい。

ア 恋《こい》をしていたとき。　イ おしゃれをしていたとき。
ウ 青春を迎《むか》えたとき。

（　　）

(2) 第一連の「とんでもないところから／青空なんかが見えたりした」はどんな様子を表していますか。次の□に当てはまる言葉を後の〔　〕から一つずつ選び、記号で答えなさい。

・Aで破壊《はかい》されていく街をB思う様子。

A〔ア 災害　イ 暴動　ウ 空襲《くうしゅう》〕
B〔ア 楽しく　イ 空《むな》しく　ウ 憎《にく》く〕

A（　　）　B（　　）

(3) 第三連の4行目「皆発っていった」とありますが、どこへ発っていったのですか。漢字二字で書きなさい。

□□

(4) 第四連と第七連に共通して使われている表現技法は何ですか。次から一つ選び、記号で答えなさい。

ア 直喩《ちょくゆ》　イ 体言止め　ウ 対句《ついく》

（　　）

わたしの心はかたくなで
手足ばかりが栗《くり》色に光った

わたしが一番きれいだったとき
わたしの国は戦争で負けた
そんな馬鹿《ばか》なことってあるものか
ブラウスの腕《うで》をまくり卑屈《ひくつ》な町をのし歩いた

わたしが一番きれいだったとき
ラジオからはジャズが溢《あふ》れた
禁煙《きんえん》を破ったときのようにくらくらしながら
わたしは異国の甘《あま》い音楽をむさぼった

わたしが一番きれいだったとき
わたしはとてもふしあわせ
わたしはとてもとんちんかん
わたしはめっぽうさびしかった

だから決めた　できれば長生きすることに
年とってから凄《すご》く美しい絵を描《か》いた
フランスのルオー爺《じい》さんのように
ね

〈「茨木のり子詩集」〉より

(5) 第四連の4行目「手足ばかりが栗色に光った」、第五連の4行目「ブラウスの腕をまくり卑屈な町をのし歩いた」は、どんな様子を表していますか。次から一つずつ選び、記号で答えなさい。

ア　やり場のない怒《いか》りに駆《か》られている様子。
イ　急激な変化の中で自分を見失っている様子。
ウ　労働などで日焼けした体を感じさせる様子。
エ　何も考えずに泣いてばかりいる様子。

第四連4行目（　　）　第五連4行目（　　）

(6) 第八連の一行目「だから決めた……」について答えなさい。

❶ ここに用いられている表現技法の名称《めいしょう》を書きなさい。（　　）

❷ 「長生きする」ことに決めた理由を、次から一つ選び、記号で答えなさい。

ア　失った美しい時間を取り戻《もど》すため。
イ　もう二度と時間を失わないようにするため。
ウ　年をとってからのほうが美しいものが作れるため。

（　　）

ヒント

(1) 「おしゃれのきっかけを～」（第二連）、「だれもやさしい贈物を～」（第三連）などから、おしゃれや恋をしたくなる頃《ころ》と分かる。いつのことか考えよう。

(4) ア「直喩」は「～みたいな」「～ような」を使ったたとえ。

Step 1

坊《ぼ》っちゃん

15分

❶ 文章を読んで、問いに答えなさい。

▼教212ページ27行～213ページ40行

母が病気で死ぬ二《に》、三日《さんち》前、台所で宙返りをして、へっついの角であばら骨を打って、大いに痛かった。母がたいそう怒《おこ》って、①おまえのような者の顔は見たくないと言うから、親類へ泊《と》まりに行っていた。するととうとう死んだという知らせが来た。そう早く死ぬとは思わなかった。そんな大病なら、もう少しおとなしくすればよかったと思って帰ってきた。そうしたら例の兄が俺《おれ》を親不孝だ、俺のために、おっかさんが早く死んだんだと言った。悔《くや》しかったから、兄の横っ面《つら》を張ってたいへん叱《しか》られた。

母が死んでからは、②おやじと兄と三人で暮らしていた。おやじは何にもせぬ男で、人の顔さえ見れば、きさまはだめだだめだと口癖《くちぐせ》のように言っていた。何がだめなんだか今に分からない。妙《みょう》なおやじがあったもんだ。兄は実業家になるとか言って、しきりに英語を勉強していた。ずるいから、仲が良くなかった。③十日に一遍《ぺん》ぐらいの割でけんかをしていた。あるとき将棋《しょうぎ》を指したらひきょうな待ち駒《ごま》をして、人が困るとうれしそうに冷やかした。あんまり腹が立ったから、手にあった飛車を眉間《みけん》へたたきつけてやった。眉間が割れて少々血が出た。兄がおやじに言《い》つけた。おやじが俺を勘当《かんどう》すると言いだした。

そのときはもうしかたがないと観念して、先方の言うとおり勘当

(1) ——線①「おまえのような者の顔は見たくない」とありますが、このような母の心情を言い換《か》えて表現している部分を、文章中から七字で抜《ぬ》き出しなさい。

(2) ——線②「おやじ」が「俺」の扱いに困っていることが分かる部分を文章中から九字で抜き出しなさい。

(3) ——線③「十日に一遍ぐらいの割でけんかをしていた」とありますが、「俺」は、兄のどんなところが嫌《きら》いなのですか。次の□に当てはまる言葉を、文章中から四字で抜き出しなさい。

・□なことをするところ。

(4) ——線④「ちやほやしてくれる」について、答えなさい。

❶ 清は「俺」のどんなところが気に入っているのですか。それが分かる言葉を、文章中から十字で抜き出しなさい。

❷ 「俺」は、❶のような清の褒め言葉を、何であると受け取って

されるつもりでいたら、十年来召《め》し使っている清《きよ》が、泣きながらおやじに謝《あやま》って、ようやくおやじの怒《いか》りが解けた。それにもかかわらず、あまりおやじを怖《こわ》いとは思わなかった。かえってこの清に気の毒であった。この女はもと由緒《ゆいしょ》のある者だったそうだが、瓦解《がかい》のときに零落《れいらく》して、つい奉公《ほうこう》までするようになったのだと聞いている。だからばあさんである。このばあさんがどういう因縁《いんねん》か、俺を非常にかあいがってくれた。不思議なものである。母も死ぬ三日前に愛《あい》想《そ》を尽《つ》かした――おやじも年中持て余している――町内では乱暴者の悪太郎《あくたろう》と爪《つま》はじきをする――この俺をむやみに珍重《ちんちょう》してくれた。俺はとうてい人に好かれるたちでないと諦《あきら》めていたから、他人から木の端《はし》のように取り扱《あつか》われるのは何とも思わない、かえってこの清のように④ちやほやしてくれるのを不審《ふしん》に考えた。清はときどき台所で人のいないときに「あなたはまっすぐでよいご気性《きしょう》だ。」と褒《ほ》めることがときどきあった。しかし俺には清の言う意味が分からなかった。いい気性なら清以外の者も、もう少しよくしてくれるだろうと思った。清がこんなことを言うたびに、俺はお世辞は嫌《きら》いだと答えるのが常であった。するとばあさんは、それだからいいご気性ですと言っては、うれしそうに俺の顔を眺《なが》めている。自分の力で俺を製造して誇《ほこ》ってるように見える。⑤少々気味が悪かった。

夏目漱石「坊っちゃん」〈「漱石全集」〉より

いますか。文章中から三字で抜き出しなさい。

(5) ――線⑤「少々気味が悪かった」とありますが、その理由を次から一つ選び、記号で答えなさい。

ア 清が頭の中で、「俺」を美化した人間像を作り上げているように感じたから。

イ 清が自分をかわいがったところで、「俺」は清の期待には応えられないから。

ウ 清は「俺」を褒めてくれるのに、他の人は褒めないことが気になったから。

(6) ここに描《えが》かれた「俺」の人物像を次から一つ選び、記号で答えなさい。

ア 一見乱暴に見えるが、実は他人の目を気にする繊細《せんさい》な人物。

イ 向こう見ずなところはあるが、裏表のない正直な人物。

ウ 家族には冷淡《れいたん》だが、弱い立場の者には親切で優《やさ》しい人物。

ヒント

(6) 良い面と悪い面の両方が書かれている。

怒りにまかせて物をぶつけたり町内から爪はじきにされたりしていることと、清とのやりとりから考えよう。

Step 2

坊《ぼ》っちゃん

20分

／100

目標 75点

1 文章を読んで、問いに答えなさい。 思

▼教 219ページ1行～221ページ6行

①引き受けた以上は赴任《ふにん》せねばならぬ。この三年間は四畳半《よじょうはん》に蟄居《ちっきょ》して、小言はただの一度も聞いたことがない。けんかもせずにすんだ。俺《おれ》の生涯《しょうがい》のうちでは比較《ひかく》的のんきな時節であった。しかしこうなるとこの四畳半も引き払《はら》わなければならん。生まれてから東京以外に踏《ふ》み出したのは、同級生といっしょに鎌倉《かまくら》へ遠足したときばかりである。今度は鎌倉どころではない。たいへんな遠くへ行かねばならぬ。地図で見ると海浜《かいひん》で針の先ほど小さく見える。どうせろくな所ではあるまい。どんな町で、どんな人が住んでるか分からん。分からんでも困らない。心配にはならぬ。ただ行くばかりである。もっとも少々面倒《めんどう》くさい。

家を畳《たた》んでからも清《きよ》のところへはおりおり行った。清の甥《おい》というのは存外けっこうな人である。俺が行くたびに、おりさえすれば、何くれともてなしてくれた。②清は俺を前へ置いて、いろいろ俺の自慢《じまん》を甥に聞かせた。今に学校を卒業すると、麹町《こうじまち》辺へ屋敷《やしき》を買って役所へ通うのだなどと、吹聴《ふいちょう》したこともある。独りで決めて一人でしゃべるから、こっちは困って顔を赤くした。それも一度や二度ではない。おりおり俺が小さいとき寝小便《ねしょうべん》をしたことまで持ち出すには閉口した。甥は何と思って清の自慢を聞いていたか分からぬ。ただ清は昔風の女だから、自分と俺の関係を封建《ほうけん》時代の主従のように考えていた。自分の主人なら甥のためにも主人に相違《そうい》ないと合点《がてん》し

(1) ――線①「引き受けた以上は赴任せねばならぬ」とありますが、このときの「俺」の気持ちを次から一つ選び、記号で答えなさい。

ア 不安はあるが新天地に期待する気持ち。
イ やはり、今からでも断りたい気持ち。
ウ 責任は果たすが面倒だという気持ち。

(2) ――線②「清は……聞かせた」ときの「俺」の気持ちを説明した次の文の□に当てはまる言葉を書きなさい。

・甥に迷惑《めいわく》だし、□のでやめてほしい。

(3) ――線③「それでも妙な顔をしている」とありますが、なぜですか。その理由を説明した次の文の□に当てはまる言葉をそれぞれ簡潔に書きなさい。

・A を期待していたのに、家どころか B と言うから。

(4) ――線④「ずいぶん持て余した」とありますが、「俺」はどんなことを持て余しているのですか。次の文の□にあてはまる内容を、「赴任地」という言葉を使って書きなさい。

・清に□こと。

点UP

(5) ――線⑤「振り向いたら、やっぱり立っていた。何だかたいへん小さく見えた」とありますが、ここから、清と「俺」のそれぞれの気持ちを簡潔に答えなさい。

たものらしい。甥こそいい面《つら》の皮だ。

　いよいよ約束が決まって、もう立つという三日前に清を訪ねたら、北向きの三畳に風邪《かぜ》をひいて寝《ね》ていた。俺の来たのを見て、起き直るが早いか、坊っちゃんいつうちをお持ちなさいますときいた。卒業さえすれば金が自然とポッケットの中に湧《わ》いてくると思っている。そんなに偉《えら》い人をつらまえて、まだ坊っちゃんと呼ぶのはいよいよばかげている。俺は単簡に当分うちは持たない、田舎《いなか》へ行くんだと言ったら、非常に失望した様子で、ごま塩のびんの乱れをしきりになでた。あまり気の毒だから「行くことは行くがじき帰る。来年の夏休みにはきっと帰る。」と慰《なぐさ》めてやった。③それでも妙《みょう》な顔をしているから「何か土産《みやげ》を買ってきてやろう、何が欲《ほ》しい。」ときいてみたら「越後《えちご》の笹《ささ》あめが食べたい。」と言った。越後の笹あめなんて聞いたこともない。だいいち方角が違《ちが》う。「俺の行く田舎には笹あめはなさそうだ。」と言って聞かしたら「そんなら、どっちの見当です。」とききき返した。「西の方だよ。」と言うと「箱根《はこね》の先ですか手前ですか。」と問う。④ずいぶん持て余した。

　出立の日には朝から来て、いろいろ世話を焼いた。来る途中《とちゅう》小間物屋で買ってきた歯磨《はみが》きとようじと手拭《てぬぐ》いを、ズックのかばんに入れてくれた。そんなものはいらないと言ってもなかなか承知しない。車を並べて停車場へ着いて、プラットフォームの上へ出たとき、車へ乗り込《こ》んだ俺の顔をじっと見て「もうお別れになるかもしれません。存分ごきげんよう。」と小さな声で言った。目に涙《なみだ》がいっぱいたまっている。俺は泣かなかった。しかしもう少しで泣くところであった。汽車がよっぽど動きだしてから、もう大丈夫《だいじょうぶ》だろうと思って、窓から首を出して、⑤振《ふ》り向いたら、やっぱり立っていた。何だかたいへん小さく見えた。


夏目漱石「坊っちゃん」〈「漱石全集」〉より

2 ——線の片仮名を漢字で書きなさい。

1 電車で席をユズる。
2 テッポウで撃《う》つ。
3 代金をセイキュウする。
4 服のソデを引く。

1							2	
(1) 10点	(2) 10点	(3) A 10点	(3) B 10点	(4) 10点	(5) 清… 15点	(5) 「俺」… 15点	1 / 2 各5点	3 / 4 各5点

Step 2 基礎《きそ》編 文法解説より（一年の復習〜助動詞活用表）

20分 /100 目標 75点

❶ 用言について、次の各問いに答えなさい。

(1) 次の文から用言を三つ抜《ぬ》き出し、それぞれの品詞名と活用形を書きなさい。

・ふだん穏《おだ》やかな人が怒《おこ》ると怖《こわ》い。

(2) 次の文から動詞を抜き出し、その活用の種類を書きなさい。

❶ 友人といっしょに図書館で勉強する。

❷ 少し寒いので、上着を着よう。

(3) 次の――線が他動詞のものを全て選び、記号で答えなさい。

❶ 話し合いを重ねる。　❷ 鳥が集まる。

❸ 五時に起きた。　❹ 紙を折る。

❶

(1)	用言	品詞 / 活用形
	用言	品詞 / 活用形
	用言	品詞 / 活用形
	各完答10点	
(2)	❶ 動詞	種類
	❷ 動詞	種類
	各完答10点	
(3)		完答5点

❷ 助詞・助動詞について、次の各問いに答えなさい。

(1) 次の文から助詞と助動詞を全て抜き出しなさい。

・あの博物館には行ったことがある。

(2) 次の――線の助詞の意味を後から一つずつ選び、記号で答えなさい。

❶ 先生がいらした。　❷ 熱いし辛《から》い。

❸ 体力こそ重要だ。　❹ 壁《かべ》にシールを貼《は》るな。

ア 感動　イ 禁止　ウ 主語　エ 取り立て　オ 並立《へいりつ》

(3) 次の――線の助動詞の意味を後から一つずつ選び、記号で答えなさい。

❶ 風が吹《ふ》くだろう。　❷ 窓から海が見られる。

❸ 散歩をさせる。　❹ 妹は楽しそうだ。

ア 様態　イ 伝聞　ウ 推量　エ 使役《しえき》　オ 可能

❷

(1)	(2)	(3)
助詞	❶	❶
	❷	❷
助動詞	❸	❸
	❹	❹
完答5点	各5点	各5点

テスト前 ☑ やることチェック表

① まずはテストの目標をたてよう。頑張ったら達成できそうなちょっと上のレベルを目指そう。
② 次にやることを書こう（「ズバリ英語〇ページ，数学〇ページ」など）。
③ やり終えたら□に✓を入れよう。
　最初に完ぺきな計画をたてる必要はなく，まずは数日分の計画をつくって，
　その後追加・修正していっても良いね。

目標

	日付	やること 1	やること 2
2週間前	／	□	□
	／	□	□
	／	□	□
	／	□	□
	／	□	□
	／	□	□
	／	□	□
1週間前	／	□	□
	／	□	□
	／	□	□
	／	□	□
	／	□	□
	／	□	□
	／	□	□
テスト期間	／	□	□
	／	□	□
	／	□	□
	／	□	□
	／	□	□

QRコードのページに登録すると，「ぴたリンク」からも表をダウンロードできるよ

キリトリ線

テスト前 ✓ やることチェック表

① まずはテストの目標をたてよう。頑張ったら達成できそうなちょっと上のレベルを目指そう。
② 次にやることを書こう（「ズバリ英語〇ページ，数学〇ページ」など）。
③ やり終えたら□に✓を入れよう。
最初に完ぺきな計画をたてる必要はなく，まずは数日分の計画をつくって，
その後追加・修正していっても良いね。

目標

	日付	やること 1	やること 2
2週間前	／	□	□
	／	□	□
	／	□	□
	／	□	□
	／	□	□
	／	□	□
	／	□	□
1週間前	／	□	□
	／	□	□
	／	□	□
	／	□	□
	／	□	□
	／	□	□
	／	□	□
テスト期間	／	□	□
	／	□	□
	／	□	□
	／	□	□
	／	□	□

QRコードのページに登録すると，「ぴたリンク」からも表をダウンロードできるよ

東京書籍版 国語2年

定期テスト ズバリよくでる

解答集

〈本体から外してお使いください〉

未来へ

2〜3ページ Step ❶

❶ (1) ウ
(2) 例 果てしないほどの長さ
(3) 未だ来ないもの
(4) イ

❷ ① かお ② う

❸ ① 三億円 ② 解釈

❹ ① × ② 〇 ③ 〇 ④ ×

考え方

❶ (1) 第二連の1・2行目の内容から考える。この道ができるまでには、たくさんの「けもの」や「人々」が通り、長い時間がかかった。「無数の生と死が埋《う》もれている」は、そのような時間の経過を、多くの生物の「生と死」でたとえた表現である。
(2) 「太陽がいつか冷え切るまで」という宇宙規模の例を挙げることで、長い時間であることを表している。
(3) 「限りある日々の彼方《かなた》を見つめて」を受けて、次の連で「未《いま》だ来ないものを人は待ちながら」と続けている。見つめている「彼方」とは、まだないものであり、創造することで生まれてくるものなのである。
(4) 未来は贈《おく》られるものではなく、君が「創っていく」ものだという意味。「きみ」と「未来」とをイコールで結んで強調した表現である。そこに作者の強い思いが託《たく》されている。

❹ ①「無数」は「数えきれないほど多いこと」という意味。「うれしいという気持ちは数えきれないほど多い」だと意味が通じないので、使い方が合っていない。②「彼方」は「離《はな》れた向こう」という意味。③「計りしれぬ」は「奥《おく》深くて予測することもできない」という意味。④「埋もれる」は「うずまっている」という意味。「気持ちがうずまっている」とは言わない。

手紙の効用

4〜5ページ Step ❶

❶ (1) ① 亡くなっている
② 「生きてい
③ 決して過ぎゆくことのない「時」の世界
(2) イ
(3) イ

考え方

❶ (1) ①□の直後に「娘《むすめ》」とあるので、どんな娘からの手紙だったかを説明する文になるように言葉を抜《ぬ》き出す。この娘は、東日本大震災《しんさい》で「亡《な》くなっている」娘である。
②「どのようなものと捉《とら》えて読んだ」と「筆者は考えて」いるかということに着目して読むと『生きている死者』からの便りとして、その文章を読んだのではなかったろうか」とあるのが見つかる。
(2) この歌の後に「手慰《てなぐさ》みに書かれた文字だから、そこにさほどの意味を感じることもなかったのに、亡くなってみるとそれがあの人のいるかなたの世界を感じさせる形見になってしまった」とある。

手書きの文字が、書いた人が亡《な》くなった後に価値あるもの、重要なものと感じられるということなので、イが正解。

短歌を楽しむ／短歌五首

6〜7ページ　Step 1

❶ (1) 麦藁帽のわれ
(2) 例 メロディーが滑らかに流れているから。
(3) Aの　Bやわらか
(4) ① 例 白鳥の白（色）と、空と海の青（色）。　②イ
(5) A十五　Bエ
(6) 白鳥は

考え方

❶ (1) 少女の前に立っている「少年」なのだから、短歌の中で「少女の前に」と歌われている人物である。
(2) 鑑賞《かんしょう》文を読むと、「つまり」でつないで「短歌のメロディーが滑《なめ》らかに流れていれば、あまり問題にはなりません」とあるのが見つかる。
(3) 声に出して読んでみるとよい。
(4) ②「哀《かな》しからずや」は、哀しくないのだろうか、の意。①の情景も合わせて、歌に込《こ》められた作者の思いを考えると、周りに染まらないでいること、つまり孤独《こどく》であることは寂《さび》しくないのかと歌っていると解釈《かいしゃく》できるので、イが適切。
(5) A「十五の心」とは十五歳《さい》の心の意。大人になってから少年時代の自分を振《ふ》り返っている歌である。B「空に吸はれし」に託《たく》された思いを捉《とら》える。空というはるか遠いところを目指しているような、そこまで行けてしまいそうな気持ちなので、エが当てはまる。
(6) 第二句「哀しからずや」で切れる。

日本語探検1／漢字道場1

8〜9ページ　Step 2

❶ ①りゅうれい　②つたな　③こきん　④しんし　⑤かんしょう　⑥ぼいん　⑦ついく　⑧やわ　⑨こうきゅう　⑩けいぶ　⑪えんせい　⑫くわばたけ　⑬せんと　⑭ちゅうしん　⑮ちょうだい

❷ ①奥　②慰　③扇　④器　⑤描　⑥滑　⑦翼　⑧確認　⑨稼　⑩年俸　⑪交渉　⑫忌避　⑬排斥　⑭総帥　⑮元旦

❸ (1) ①Aオ　Bカ　②Cエ　Dウ
(2) ① 例 少し疲れたので、やはり僕は、今日は帰る。
② 例 以前言っていた本を、図書館で借りて読んでみたが、あまりおもしろくなかった。

❹ (1) ①版（画）・（黒）板　②推（進）・（批）准
(2) ①往（復）　②仕（事）　③待（つ）　④囚（人）
(3) ①縁（日）・緑（色）　②遺（産）・（派）遣
③（地）域・（お）城

考え方

❸ (1) ①話し言葉は目の前にいる人に対して使われることが多い。言葉だけでなく話す様子から話し手の感情を察することができる。
②書き言葉は本や、人に何かを知らせる書類など、多くの人に向けて書くことがある。その場で誤解を解くことができないので、論理的に書くようにするなどの注意が必要である。
(2) ①「やっぱり」「ちょっと」などは書き言葉では「やはり」「少し」などと直すのがよい。二文の順序はこのままでもよいが、論理的にするなら、理由を先に述べたほうがよりよい。
②話し言葉では助詞など、細かい部分が省略されることがあるので、書き言葉に直すときには、適切に補う。「けど」「あんまり」なども書き言葉にふさわしくなるように直す。

❹ (1) それぞれ部首だけが違《ちが》う漢字なので、混同しないように注意する。

(2) 示されている熟語も手がかりに、似ている漢字を考える。形は似ていても意味は違うので注意する。
(3) それぞれ部首は同じだが、それ以外の部分が違うので、書き分けに注意する。

字のない葉書《はがき》

10〜11ページ Step 1

❶ (1) A東京　B空襲　C両親
(2) 妹は、まだ字が書けなかった(から。)
(3) イ
(4) 例 妹を喜ばせるため。(9字)
(5) イ
(6) 例 子供に対し愛情深く、優しい(人物。)(13字)

考え方

❶ (1) 三月十日の東京大空襲《くうしゅう》でひどいめに遭《あ》ったことが背景《はいけい》にある。このまま東京にいたらいつまた空襲に遭うか分からないのである。
(2) 「毎日一枚ずつ」出すように言ったのは、毎日の様子が知りたいからだが、「マル」を書くように言ったのは、妹がまだ字を書けないからである。
(4) 直後に「これくらいしか……」と説明されている。
(5) 「大人の男が」という言い換《か》えには、はっとする気持ちが表れている。はだしで飛び出し、妹の肩《かた》を抱《だ》いて泣く父の姿に、驚《おどろ》いたのである。これまでの流れから父が下の妹を心配する様子は読み取れるが、帰ってきた妹を抱いて泣く姿を見て、そこまで妹を思っていたのかと驚き、父が妹を思う気持ちを知ったのである。泣くほど妹を思う父の姿に、感動したと考えられる。

辞書に描《えが》かれたもの

12〜13ページ Step 1

❶ (1) イ
(2) ア
(3) A大の大人が勉強をしている姿　B動揺
(4) ウ
(5) 私は一、二

考え方

❶ (1) 「私《わたし》」に「汚《きたな》い辞書使ってんな」と言われて、上野は「うん、母さんがくれたんだ……」と辞書について説明している。その態度は「心を許した相手にだけ向けた穏《おだ》やかな話し方」だったとある。よってイが正解。
(3) 書斎《しょさい》で彼女《かのじょ》、つまり上野の母親を見たときのことを説明している部分から捉《とら》える。「あれほど動揺《どうよう》した」とあり、その理由を「もしかしたら大の大人が……」と自分で考察している。ひどく動揺した出来事だったから、印象に残ったのだと考えられる。

辞書に描かれたもの

14〜15ページ Step 2

❶ (1) 例 指跡がびっしり付いた辞書と、その周りに辞書を目指し、あるいははるか向こう側へ伸ばされる指や腕が描かれた絵。(53字)
(2) 例 辞書と向き合う母の姿を追いかけようとしていたから
(3) ① 嫌な感情　② ウ
(4) A営み　B例 関わりたい(5字)
(5) 例 受け継がれていく人の営みの上に成り立っている

❷ ① 推薦　② 購入　③ 控　④ 趣

考え方

❶ (1) 「私《わたし》」は初め、汚《よご》れてくすんだ辞書を光の帯が包んでいる絵だと思ったが、よく見るとそうではなかったことに気づいている。「指《ゆび》跡《あと》は……びっしりと描《えが》かれ」「辞書へ伸《の》びる指であり腕《うで》」「辞書を目指し、あるいはそのはるか向こう側へ向かって伸ばされ」とあり、これが上野の絵の内容である。

(2) 指跡を認めた「私」は、上野とその母親を思い出している。それは、絵に描かれた指跡が上野とその母親のものだと思ったからである。二人を思い出し、それにより、上野が熱心に辞書を見る理由が分かったということは、上野も母親の指跡が辞書にあると感じており、それを追いかけよう、あるいはたどろう、そして母とつながろうとしていたからだと考えたということである。

(3) ①上野の絵を見たときに「忘れていた嫌《いや》な感情がよみがえってきそうになった」とある。辞書について「嫌な感情」を持っていたということである。

②傍線《ぼうせん》部の後に、上野の絵から「私」が「受け継《つ》がれていく人の営み」を感じたことが書かれている。これは「私」が上野の絵が表しているものを理解したということである。理解したので、これまであった「霧《きり》」が晴れたのである。

(4) 辞書に多くの指跡があり、「辞書に書かれている字すらも人々の指跡でできている」ように感じたということは、そこに「人の営み」を強く感じたということである。そして、自分もそれに関わろう、あるいは加わろう、混ざろうという気持ちがあふれてきたと読み取れる。

(5) 「私」はこの文章にある体験から、辞書は「受け継がれていく人の営み」を感じさせるものだと理解した。それが「世界との向き合い方を教えてくれた」とつながっている。ここでは、辞書に限定されるのではなく、世界のあらゆることが「受け継がれていく人の営み」の上に成り立っていると実感したと読み取れる。「人の営みが受け継がれて、それが重なっている」なども可。

日本語探検2／漢字道場2

16〜17ページ Step 2

❶ ①くんかい ②いげん ③しょう ④そかい ⑤あ ⑥はだぎ ⑦ぬ ⑧ぞうすい ⑨くき ⑩しか ⑪しろもの ⑫けん ⑬どれい ⑭さいひんち ⑮めん

❷ ①挨拶 ②交 ③髪 ④書棚 ⑤隔 ⑥惨 ⑦暇 ⑧返却 ⑨嫌 ⑩奇妙 ⑪指紋 ⑫傲慢 ⑬礁 ⑭対称 ⑮妊娠

❸ (1) ①イ ②ア ③ウ ④イ ⑤ア ⑥ウ

(2) ①言われる ②いただく（頂戴する） ③なさる ④です（でございます） ⑤お持ちする ⑥お読みになる

❹ やる→さしあげる・拝見して→ご覧になって（順不同）

考え方

❸ (1) ①「伺《うかが》う」は「行く」の謙譲《けんじょう》語。②「召《め》しあがる」は「食べる・飲む」の尊敬語。③「です」「ます」「ございます」は丁寧《ていねい》語。④「いただく」は「もらう」の謙譲語。⑤「お見えになる」は「お〜になる」の形で敬意を表す尊敬語。ここは「いらっしゃる」と同じ意味である。⑥「お水」の「お」は丁寧語のうちの、美化語という。

(2) ①尊敬の助動詞を使うので「言われる」とする。特別な尊敬の動詞には「おっしゃる」がある。②「飲む・食べる」の謙譲語は「いただく・頂戴《ちょうだい》する」である。⑤接頭語を使った謙譲の表現には「お〜する」「ご〜する」がある。⑥接頭語を使った尊敬の表現には「お〜になる」「ご〜になる」がある。

❹ 「やる」は普通《ふつう》の言い方で、先生に対して使うのは適切ではない。「拝見する」は謙譲語なので、先生の動作に使うのは適切ではない。

ハトはなぜ首を振《ふ》って歩くのか

18〜19ページ Step 1

❶ (1) A 動画を撮影すること　B ヒトの歩行の研究

(2) A前進　B一気に伸ばして　C歩きながら（首を振って）
(3) ①図A　Ⅱ　図B　Ⅰ
②図A　ア・ウ・オ　図B　ア・エ・オ（それぞれ順不同）
③A歩く動作と　B歩いていな
(4) 例 景色が移動すること。

考え方

❶(1) 傍線部の前に「だから」とあるので、文の前半の内容が、「疑いようがない」理由である。
(3) ②図Aは「ハトの背中に棒を付けて天井《てんじょう》に固定」「歩く動作を行っている」「景色が動いて見える」とあるので、ア、ウ、オが合う。図Bは「ハトを天井に固定」「歩かずにじっとしている」「景色が動いて見える」とあるので、ア、エ、オが合う。
③それぞれ図A、図Bとある段落の最後で、実験から分かったことを述べている。

ハトはなぜ首を振って歩くのか

20〜21ページ　Step 2

❶(1) 例 注目するところが常に移動してしまう
(2) ウ
(3) A平たい形　B頭　C目の周りの筋肉（目を動かす筋肉）
(4) 例 ハトの目は横を向いているので移動する景色を目で追う必要があり、また、目は平たく大きくて動かしにくいため、景色に対して頭を静止させるために首を動かしているから。（79字）
(5) ①例 気になったことがあれば、自分の目で見て、自分の頭で考えること。
②例 今まで気づかなかった豊かな世界が広がる。（20字）

❷ ①無駄　②壁　③撮　④斜面

考え方

❶(1) 傍線部の直後に「というわけだ」とあるので、それより前に書かれた内容をまとめた文だと分かる。目が横を向いていると、前に歩くときにどうなるかを探すと「ハトのように目が横を向いていると、前に歩くときに」と文章にあるのが見つかる。この後の内容になるように、空欄《くうらん》に当てはまる言葉を書く。
(2) 「車窓から景色を見るとき」とは「前に進みながら横の景色」を見るときのことで、ハトと同じ状況《じょうきょう》のことを指している。ハトと同じ状況だと、ヒトもハトと同じ動きをすることを示している。このことを示すことで、前進しながら横を見ると目が動くことを、読者に納得《なっとく》してもらおうとしているのである。
(3) 傍線部の次の段落に、その理由が書かれている。「ハトの目はやや平たい形」「ハトの目は頭の大きさに対して非常に大きい」「ハトの目の周りの筋肉はそれほど発達していない」とハトの目の特《とく》徴《ちょう》が書かれており、それが傍線部③の答えとなる。
(4) 傍線部の直前に「これが」とあるので、「これ」が指している内容をまとめればよい。同じ段落の「ハトの目は横を……追っているのである」の二文の内容がハトが首を振って歩く理由となっているので、この部分を字数以内になるようにまとめる。
(5) ①傍線部の直前にある「それ」はさらに前の文を指しているので、その部分を「こと。」という文末になるようにまとめる。
②「踏《ふ》み出す」は文章では「やってみる」となっていることを読み取ると、「今まで気づかなかった豊かな世界が、きっと広がる」が踏み出した結果であることが分かる。この部分を字数以内にまとめる。

文法の窓1／漢字道場3

22〜23ページ　Step 2

❶ ①あらけず　②とう　③せんかい　④おど　⑤きどう
⑥けいが　⑦かこん　⑧せんかん　⑨ていしん
⑩さいしょう　⑪せいれん　⑫ほうこう　⑬りゅうせい

⑭きとく　⑮こう

❷ ①刺激　②床　③懸命　④斜　⑤羽毛　⑥紹介　⑦把握　⑧妨　⑨是非　⑩弔辞　⑪偽　⑫船舶　⑬雪辱　⑭漫画　⑮暴露

❸ (1)①形容詞・エ　②形容動詞・イ　③動詞・ア
(2)①ア　②イ　③オ
(3)①②（順不同）

❹ (1)①純粋　②歓喜　③攻守　④栄枯
(2)イ

考え方

❸ (1)①「冷たい」は、言い切りの形も「冷たい」で「い」で終わるので、形容詞。②「きれいに」は、形容動詞「きれいだ」の連用形。③「来ない」は、動詞「来る」の未然形「来（こ）」に「ない」が付いた形。「来る」はカ行変格活用の動詞である。
(2)①「読む」は「ない」を付けると「読まない」となり、「ない」のすぐ上が「ア段」になるので、五段活用。「読んで」は「読みて」が変化したもので音便という。②「見る」は「ない」を付けると「見ない」となり、「ない」のすぐ上が「イ段」になるので、上一段活用。③「し」の基本形は「する」。「する」はサ行変格活用の動詞である。
(3)①②は「にぎやかだ」「元気だ」「にぎやかに」「元気に」などと活用する形容動詞。③は「おかしだ」などとはならない連体詞。

❹ (1)①「純粋」はどちらもまじり気がない意。②「歓喜」はどちらも喜ぶの意。
(2)「白状」と「告白」は告げるの意。

卒業ホームラン

24～25ページ　Step 1

❶ (1)イ
(2)頑張ってもいいことない（から。）
(3)①例 智が試合に出ないこと。　②出せない、やはり。（9字）
(4)ア
(5)ウ

考え方

❶ (1)二行前の「徹《てっ》しきれなかった」に着目し、その前の内容を捉《とら》える。「……なら……できない。」とは、実際は与《あた》えてしまったということである。
(4)典子《のりこ》に「最後なんだから、出してやればいいのに。」と言われ、佳枝《よしえ》からも同じことを言われ、智《さとし》もそう思っていると考えている。しかし、智は補欠で、勝利を目指す監督《かんとく》の息子でもあるので、勝利に貢献《こうけん》できないようならば、試合に出すことはできない。それをはっきりと言えず「もうちょっとうまけりゃいいんだけど」とごまかしたのである。
(5)「そう」は直前の典子の言葉を指している。練習しても下手な子は試合に出してもらえない、とは、徹夫《てつお》自身が実際に行っていることなのである。

卒業ホームラン

26～27ページ　Step 2

❶ (1)打てないのが悔しい
(2)イ
(3)①例 真剣　②智はスロー
(4)例 認めてやりたい
(5)例 家に帰るというホームインはできると伝えたかったから

❷ ①監督　②河川　③喜怒哀楽　④塾

考え方

❶ (1)後に「打てないのが悔《くや》しいんだ、と伝えるように」とある。徹夫は智の気持ちを「打てないのが悔しい」のだと考えている。

(2) 実際にはショートフライだったが、佳枝は智に、ホームランを打って走るという体験をさせたい、これまでの努力が報《むく》われてホームランを打てたと思わせ、走って楽しくなってほしいと思って、ホームランと叫《さけ》び、走るように促《うなが》しているのだ。

(3) ①傍線《ぼうせん》部からは佳枝の言うホームランに納得《なっとく》せず、走らないでいる様子が分かる。前に「打てないのが悔しい」とあるので、智もホームランを打ちたい気持ちはあるが、それでもホームランでないものをホームランと偽《いつわ》ることはしたくないという気持ちが、ここから分かる。これは野球に対する真剣な気持ちが表れた態度といえる。「真摯《しんし》」「真面目」なども可。

②「智はスローモーション……」の一文は、智が球を打つ練習をしている描写《びょうしゃ》である。もっとうまくなりたいと思っているから、練習しているのである。

(4) よく打った、と言っていることになる。智が打てるように努力していることを認めたいということである。

(5) 野球はホームベースに帰るスポーツで、ホームとは家のことだと、傍線部の前で徹夫が考えていることが述べられている。ショートフライしか打てなかったので、野球でのホームに智は帰ることができなかったが、「ホームイン」は見届けたいと徹夫が思っていることから、「ホーム」は家で、智は家に帰ることはできると伝えたかったのだと考えられる。「ホームインすべき家があることを教えたかったから」なども可。

黄金の扇風《せんぷう》機

28〜29ページ Step 1

❶ (1) イ

(2) グローバリズムの浸透（10字）・情報メディアの普及（9字）（順不同）

(3) ウ

(4) ア

(5) 心をしなやかに持つこと。

—考え方—

❶ (1) 二つ後の段落の「言えることは……」に注目。「もう一つは、……」以下の内容がイに相当する。

(2) 「十字以内」なので、「テレビやネットなどの」の部分は外す。

(3) 筆者が、価値観が固まってしまうことに危機感を覚えていることを捉《とら》えよう。

サハラ砂漠《さばく》の茶会

30〜31ページ Step 1

❶ (1) ①ア ②芸術作品は〜になるから

(2) 美しいもの

(3) ウ

(4) 人間は皆同じである

(5) 宗教や政治や思想の違い、経済格差の問題など

—考え方—

❶ (1) ①同じ段落の後半に「しかし、……」に続けて「……なのでしょうか。」という文が二つ続き、「私はそうは思いません」とあることから考える。

②ここには、筆者の芸術観が述べられている。

(5) 直後に「その理由には」とある。そこから字数に合うように理由の部分を抜《ぬ》き出す。

黄金の扇風機／サハラ砂漠の茶会

32〜33ページ Step 2

❶ (1) ①シックなも

②例 違う見方を否定し、劣ったものと見なしてしまう考え方。

(2) ①A例 自分が美しいと感じた花を、旅行者も美しいと感じる（24字） B少年の心と花の美しさを感じた
②美
(3) A例 価値観によってさまざまで、しかも変化するもので、美しさを見いだすのは我々のほうである
B例 誰が見ても美しく、美を共通の体験としてあなたと私は同じ人間だと知ることができる

❷ ①尾 ②飾 ③涼 ④抽出

―考え方―

❶ (1) ①次の段落で「例えば、シックなものや……欧米《おうべい》文化の中で……受け入れられている」とある。ここで「先進国」は「欧米」を指していることを読み取ると、答えが分かる。
②ある一つのものの見方が支配的になることを述べているので、他を否定する考え方に結び付く。
(2) ①一段落目の内容になるように、少年が、旅行者たちが美しいと思うと考えたことを含《ふく》めてまとめる。
②すぐ後に「そのことを伝えるのが美」とあるので、「美」の力と考えていると分かる。
(3) 指定の言葉に着目する。Aは、Ⅰの文章に「美しさとはさまざまであり、しかも、それは変化する」とある。また「シックなものや……たまたま現在はそういう価値観が受け入れられている」とあるので、何を美しいと思うかは、価値観によるとしていることが分かる。そして「美しさを見いだすのは、……我々のほう」とある。これらをまとめると「美しさは価値観により変化し、何を美しいと思うかは我々のほう」ということである。この内容を空《くう》欄《らん》の前後に合うようにまとめる。Bは、Ⅱの文章に「美を共通の体験として人々は、あなたと私《わたし》は同じ人間なのだ、ということを知ることができる」とある。また空欄の前の「美しいものは」に着目すると「美しいものは誰《だれ》が見ても美しい」とあるのが見つかる。この二つを空欄の前後につながるようにまとめる。

文法の窓2／漢字道場4

34～35ページ Step 2

❶ ①ほお ②す ③あご ④じゅうなん ⑤おちい ⑥ていしゅ ⑦めいりょう ⑧ちゅうしょう ⑨おく ⑩しぼ ⑪きわ ⑫あと ⑬か ⑭おろ ⑮ながうた

❷ ①応援 ②粘 ③貫 ④靴 ⑤化粧 ⑥携帯 ⑦狭 ⑧垣根 ⑨敵 ⑩渓流 ⑪慎 ⑫体裁 ⑬調 ⑭業 ⑮釜飯

❸ (1) ①ウ ②ア ③イ ④エ
(2) ①ア ②イ ③ウ ④エ
(3) ①ウ ②エ

❹ ①a測 b図 c諮 ②a侵 b冒 c犯 ③a断 b裁 c絶

―考え方―

❸ (1) ①限定を示す副助詞。②対象を示す格助詞。③逆接を示す接続助詞。④告知の終助詞。
(2) ①「が」「けれど」などと同じで逆接を示す接続助詞。②「学校」という起点を示す格助詞。③一週間程度という意味を示す副助詞。④誘《さそ》う気持ち（＝勧誘《かんゆう》）を示す終助詞。
(3) ①問題文とウの「の」は、主語を示す。アは所属を示す。イは体言の代わり。エは質問の終助詞。②問題文とエの「で」は、場所を示す格助詞。アは形容動詞の連用形の活用語尾《ごび》。イは「て」と同じ。補助の関係を示す接続助詞。ウは助動詞「だ」の連用形。

❹ ①a長さなどをはかるときには「測る」を使う。b工夫して行うときには「図る」を使う。c相談するときには「諮る」を使う。
②はa「侵略《しんりゃく》」、b「冒険《ぼうけん》」、c「犯罪」のような熟語としても用いられる。③a「断つ」は道などを通れないようにするという意味。b「裁つ」は布などを切るという意味。c「絶つ」は必要な物の供給が行われないようにするという意味。

落葉松《からまつ》

36〜37ページ Step 1

❶
(1) エ
(2) 例 落葉松（からまつ）の林に入った（という意味。）
(3) ①四（連） ②七（連） ③五（連）
(4) ①ウ・オ（順不同） ②Aイ Bオ Cウ

考え方

❶
(2) 「入《い》りぬ」の「ぬ」は、完了《かんりょう》の意味を表す助動詞。からまつの林を出て、また、からまつの林に入った、そこにも道は続いている、という第二連全体の内容もあわせて考える。
(3) ②第七連の「雨」「いよよしづけし」「かんこ鳥」から分かる。
③第五連では、林を過ぎて何となく歩みをひそめ、からまつにささやきかける情景が歌われている。
(4) ①どちらも「音」「かぜ」と体言で止めて、余韻《よいん》を残す表現になっている。また、「山川に」「からまつに」、「山がはの」「からまつの」、「音」「かぜ」がそれぞれ対《つい》になっているので、対句《ついく》である。

枕草子《まくらのそうし》・徒然草《つれづれぐさ》

38〜39ページ Step 1

❶
(1) ⓐようよう ⓑおかし
(2) A蛍 B烏 C例 寒さ
(3) イ
(4) ア
(5) A炭（火） B冬
(6) イ

考え方

❶
(1) ⓐ「やう」は「ヨー」と発音し「よう」と書く。ⓑワ行の「ゐ・ゑ・を」は「い・え・お」と書く。
(2) A直前の一文の主語を受けている。「蛍《ほたる》の」は、「蛍が」の意。Bは同じ文の「烏《からす》の」が主語になる。古文では、主語を表す助詞が省略されたり、「の」を用いて表現されたりするので注意する。
(3) 「あけぼの」は、夜がまだ明けきっていない頃《ころ》のこと。
(4) 「さらなり」は、言うまでもないという意味。直後の「闇《やみ》も」とあわせて、月の頃も、闇も、よいと言っている文脈である。

枕草子・徒然草

40〜41ページ Step 2

❶
(1) 例 極楽寺・高良が石清水だ
(2) 例 長年願っていたこと
(3) ①ⓐ石清水 ⓑ法師 ②ⓐこそ ⓑぞ
(4) 例 知りたかったけれども
(5) 石清水
(6) ①少しのこと ②例 石清水を拝めなかった

❷
①鎌倉 ②霜 ③房 ④活躍

考え方

❶
(1) 「かばかり」の「か」は指示語、「ばかり」は限定の意。直訳すると「これだけ」という意味になる。石清水《いわしみず》（八幡宮《はちまんぐう》）は極楽寺《ごくらくじ》・高良《こうら》だけだと思ったということである。
(2) 「年ごろ」は長年という意味。現代語と意味が違《ちが》うので注意する。
(3) ①ⓐ「おはし」は基本形が「おはす」で、いらっしゃるという意味の動詞。尊くいらっしゃったのは何かというと、石清水である。
ⓑ直前の会話文を語っている人物である。
②係り結びの問題。ⓐは直前の「こそ」を受けて「けれ」の形に、ⓑは「ぞ」を受けて「ける」の形になっている。ともに強調の意。
(4) 「ゆかしかりしかど」の「ゆかしかり」は、基本形が「ゆかし」で、心が誘われる（＝知りたい、見たい）意の形容詞。ここでは「知りたい」と訳すと合う。「ど」は逆接の意味を表す。

(5) 少し前の「参りたる人ごとに山へ登りし」から考える。石清水八《いわしみずはち》幡宮《まんぐう》が山の上にあるので、みな登って行くのである。

(6) ①「あらまほしき」は、あってほしいの意。一人で行って失敗した法師の話から、「先達《せんだち》」（指導者）の大切さを引き出している。

②先達がいれば、法師は石清水を拝めたと考えられる。わざわざ石清水を拝みに行って、その目的を果たせなかったところが愚《おろ》かなのである。「目的を果たせなかった」なども可。

平家物語《へいけものがたり》

42～43ページ Step 1

❶ (1) 沙羅双樹の花の色

(2) おごれる人も久しからず（11字）・たけき者もつひには滅びぬ（12字）（順不同）

(3) ウ

(4) ⓐいずれも ⓑねがわくは

(5) ウ

(6) ① 与一 ② あの扇の～せたまへ・この矢外～たまふな

考え方

❶ (3) 「諸行《しょぎょう》無常」とあるように、鐘《かね》の声や花の色も変わってしまう、おごれる人も長くは続かず、猛々《たけだけ》しい者も滅《ほろ》びるという、すべてのものは移り変わり無常だという思いが表れている。

(4) 「づ」は「ず」に直す。語頭と助詞以外の「は」は「わ」に直すので、「願はく」の「は」は「わ」、最後の「は」は助詞なので「は」のままとする。

(5) 「晴れ」はここでは心の晴れがましさの意。「晴れがましくないということはない」という二重否定の形で強い肯定《こうてい》を表している。

(6) ①「　」の前に「与一《よいち》」と祈念《きねん》した人物の名前がある。

②～してください、と与一が神仏に頼《たの》んでいる部分を捉《とら》える。

平家物語

44～45ページ Step 2

❶ (1) ひやうど・ひやうふつと

(2) 例 扇の、波間に浮いたり沈んだりして揺られている様子。

(3) ウ

(4) A 例 舟の男を射なさい（8字） B 与一

(5) ウ

(6) 例 弓の腕に感じて舞っている人を射るなんてひどいというもの。

❷ ① 戦 ② 必須 ③ 誉 ④ 漂流

考え方

❶ (1) どれも矢を射たときの場面で用いられている。

(2) 海へ散った扇《おうぎ》が、白波の上に漂《ただよ》っているのである。「～ぬ～ぬ」は、～たり～たりの意で、二つの動作を並列《へいれつ》的に描《えが》く。

(3) 沖の平家《へいけ》と陸の源氏《げんじ》のそれぞれの様子を、対句《ついく》で説明している。

(4) 「御定《ごじょう》」は、ご命令の意。直後に与一が船の男を射ているので、それが命令の内容だったと分かる。

(5) ウは「安らぎ」が適切でない。腕前《うでまえ》に感嘆《かんたん》はしても、あくまでも競《きそ》い合いの場面なのである。

(6) 「音もせず」から何も言えず身動きもせず、与一たち源氏方の行《こう》為《い》に驚《おどろ》いているのである。その驚きは、非情である、ひどい、という気持ちからの驚きだと考えられる。

漢詩

46～47ページ Step 1

❶ (1) Ⅰイ Ⅱウ

(2) 故 人 西ノカタ 辞シ二 黄 鶴 楼ヲ一

(3) イ

(4) ア

(5) イ
(6) ①渾テ欲スレ不ラントレ勝ヘレ簪ニ　②例 髪（白髪）

―考え方―

❶ (1) 一句が五字のことを五言《ごごん》、七字のことを七言《しちごん》という。四行の詩を絶句《ぜっく》といい、八行の詩を律詩《りっし》という。
(3) 「孤帆《こはん》」は一そうの帆船、「碧空《へきくう》」は青空、「尽《つ》き」は消えてなくなる意。乗っているのは黄鶴楼《こうかくろう》で別れた友人の孟浩然《もうこうねん》である。
(4) ぼう然とした様子である。
(5) 直後の「草木《そうもく》深し」が手がかりになる。荒《あ》れた都の中でも自然は息づいているのである。
(6) ②冠《かんむり》は頭に載《の》せるものである。傍線《ぼうせん》部の前の句に「白頭……短く」とある。ここから、髪《かみ》が少なくなっていくので、ピンが挿《さ》せないのだと分かる。

文法の窓3／漢字道場5

48～49ページ　Step 2

❶ ①こっけい　②きゅうてい　③しょみん　④どうさつ　⑤もう　⑥かね　⑦なす　⑧そむ　⑨くし　⑩とう　⑪はいかい　⑫あかつき　⑬こうさ　⑭かんげん　⑮りゅうさん
❷ ①感慨　②僧侶　③精舎　④紅　⑤二十歳　⑥損　⑦名誉　⑧漂　⑨面　⑩感嘆　⑪堪　⑫歌舞伎　⑬解剖　⑭蜂蜜　⑮裾
❸ (1) エ・ケ（順不同）
(2) ①イ　②ウ　③キ　④ア　⑤エ　⑥ク　⑦オ　⑧ケ
(3) ①ウ　②ア
❹ ①爆発　②浮世絵　③家畜　④避難

―考え方―

❸ (1) ア動詞、イ助詞、ウ動詞、オ助詞、カ名詞、キ助詞、ク動詞である。助詞との区別に注意する。
(2) ③「そうだ」は様態のほかに伝聞の意味もあるが、伝聞の場合は「楽しいそうだ」と終止形につながる。
(3) 識別の問題。形容動詞の一部かを見分ける。①「ない」は助動詞か形容詞か、②「だ」は助動詞か形容動詞の一部かを見分ける。①のウは「ことは～ない」の形で、「ない」は述語になっているから、用言の形容詞。②のア「好きだ」は「好きな」という形にできるので形容動詞。他は全て体言に付いた断定の助動詞。

走れメロス

50～51ページ　Step 1

❶ (1) A悪魔のささやき　B悪い
(2) 義務遂行の希望・名誉を守る希望（順不同）
(3) 例（友の）信頼に報いなければならないということ。
(4) 斜陽は赤い
(5) Xア　Yエ
(6) ウ

―考え方―

❶ (1) 次の段落に、「あの悪魔《あくま》のささやきは……」とあるので、そこから抜《ぬ》き出す。
(5) Xは希望を取り戻《もど》した後の言葉なので、「沈《しず》む」と言いつつ「絶望」を感じているのではないことに注意する。「沈む」から急がなくてはいけないという思いである。Yは、間に合わないから走るのをやめてくださいというフィロストラトスに対して、走ればまだ間に合うという気持ちから「まだ日は沈まぬ」と言っている。
(6) この文章ではメロスの語る言葉が多く見られ、また、擬態語《ぎたいご》（よろよろ・きらきら）、擬音語（せんせん・こんこん）が効果的に用いられているので、ア、イは適切。「斜陽は赤い光を……日没《にちぼつ》までには、まだ間《ま》がある」「日が沈む。ずんずん沈む」と夕日の描写《びょうしゃ》で時間が過ぎていくことを表しているので、エも適切。ウの「第三者の目から冷静に」が不適切。

走れメロス

52～53ページ　Step 2

❶ (1) 例 最後の死力を尽くして走る。
(2) 例 セリヌンティウスを処刑
(3) イ
(4) 例 来ないかもしれないとメロスを疑ったから。
(5) ウ
(6) A信実　B例 自分も人を信じたい（9字）

❷ ① 暴虐　② 花婿　③ 塊　④ 孤独

一考え方一

❶ (1)「言うにや及《およ》ぶ」とは、言う必要がない、という意味。
(2) それより前で「その人を殺してはならぬ」とある。「その人」とはセリヌンティウスである。叫《さけ》んでも誰《だれ》も聞いていなかったので、さらにもう一度、同じ気持ちで叫んでいる。
(3) メロスは「悪い夢を見た」と言っている。悪いことをしたので、罰《ばつ》を受けたいというのである。メロスが殺されるために刑場《けいじょう》に来た場面なので、悪いこととは、来るのをやめようと思ったことだと読み取れる。
(4) 後に「君を疑った」とある。どう疑ったのかというと、来ないかもしれないということである。
(5) メロスは日暮れまでに戻《もど》るという約束をしており、それが果たされた場面。アは、まだメロスは殺されないと決まったわけではないので不適切。イも、まだ王が改心したかどうかは分からないので不適切。
(6) 傍線部《ぼうせん》の前に「信実とは、決して空虚《くうきょ》な妄想《もうそう》ではなかった」とある。信実の存在に王が気づいたということなので、Aには「信実」が入る。さらに「仲間に入れてくれまいか」ということは、信じ合うメロスたちとともに、自分も人を信じたいということである。

日本語探検3

54～55ページ　Step 2

❶ ① もり　② まこと　③ うずま　④ ふんじん　⑤ どう　⑥ さんぞく　⑦ いっせい　⑧ あお　⑨ しんく　⑩ さ　⑪ とうろう　⑫ もうそう　⑬ ふんがい　⑭ えつ　⑮ せい

❷ ① 峠　② 殴　③ 萎　④ 芋虫　⑤ 卑劣　⑥ 放免　⑦ 醜　⑧ 澄　⑨ 遂行　⑩ 裸体　⑪ 一片　⑫ 疾風　⑬ 抱擁　⑭ 空虚　⑮ 飽

❸ (1) Ⅰ ① あがる　② 人望　③ 発達　Ⅱ ① 貸す　② 狭い　③ 遅い
(2) ① つるす　② みがく
(3) ① 厳しい　② 難しい

❹ ① 欠点　② 不意　③ 出版　④ 病人　⑤ 律儀　⑥ 減少　⑦ 模倣　⑧ 一般　⑨ 冷静　⑩ 非凡

一考え方一

❸ (1) Ⅰ「人徳」は、その人にそなわっている徳、つまり品性のこと、「人望」は、その人に寄せられる信頼《しんらい》のことである。意味の違《ちが》いに注意する。
(2) ①「つるす」は、ひもなどの仲立ちが必要な場合に使う。②「みがく」は、こすってつやを出すというニュアンスがより強い。
(3)「やさしい」には「優しい」と書く語と、「易しい」と書く語がある。それぞれの対義語を考える。

❹ ①「短所」「欠点」の対義語は「長所」「美点」「利点」。⑩「平凡《へいぼん》」↔「非凡」のように、漢字一字だけが違う対義語も多い。

鰹節《かつおぶし》――世界に誇《ほこ》る伝統食

56～57ページ　Step 1

❶ (1) 鰹も乾燥さ
(2) A腐敗菌（微生物） B乾燥 C細胞の水分
(3) 鰹節菌を巧
(4) ウ
(5) ア

―考え方―

❶ (2) 傍線部のある段落から読み取る。A「水分があると」どうなるのかというと、「水分がたっぷりあるため腐敗菌《ふはいきん》はみるみる繁殖《はんしょく》して」とあるので、「腐敗菌」が繁殖すると分かる。B・C腐敗菌が死ぬのはどういう状況《じょうきょう》かというと、「スルメは乾燥《かんそう》しているため、腐敗菌の細胞《さいぼう》の水分は逆にスルメに吸収されてしまい、腐敗菌は死んでしまう」とあるので、乾燥したところで、腐敗菌の細胞の水分が奪《うば》われる状況と読み取れる。
(3) 「カビの性質をみごとに見ぬいた」を「鰹節菌を巧《たく》みに応用した」、「製法」を「乾燥術」と、それぞれ言い換《か》えている。

鰹節――世界に誇る伝統食

58～59ページ Step 2

❶ (1) 例 鰹節を削ってだしを取ると、料理が美味になること。
(2) ① 例 取っただしに脂が浮いてこないこと。（17字）
② 例 鰹の油脂成分を分解し、その分解したもの（19字）
(3) 例 脂のないおいしいだしを持つことによって、繊細なものになった。
(4) ウ
(5) 例 鰹節は優れた食べ物であり、うまみ調味料に置き換えられるのはもったいないから。（38字）

❷ ① 湿 ② 探 ③ 梅雨 ④ 環境

―考え方―

❶ (1) 直後に、「うまみ成分を極《きわ》めて多く含《ふく》みます」とあり、「ですから」と、その結果どうなるかが書かれている。
(2) ①次の文の内容をまとめればよい。
②同じ段落に、「脂《あぶら》はどこへ消えたのでしょうか。それは……鰹節菌が、鰹の油脂《ゆし》成分をみごとに分解」「……分解し、その分解したものを食べている」とある。「を食べている」に続くように字数以内にまとめる。
(3) 「だし」に着目し、直前の第三段落から考える。「脂がなくておいしいだし」を持つことによって、「日本料理は繊細《せんさい》になってきた」のである。「繊細で芸術的」と、「芸術的」についても含《ふく》めてよい。
(4) ア「健康には極《きわ》めてよい」とは書かれていない。イ「最も優《すぐ》れた食品」が不適切。昆布《こんぶ》、しいたけ、鰹節からは、どれも「すばらしいうまみ」が出る。ウは、文章に鰹節は「保存食品」、『和食』は、二〇一三年に世界の無形文化遺産に登録されました。和食を支える陰《かげ》の立役者ともいうべき鰹節」とあり、適切。
(5) 鰹節を次の世代に伝承するのが使命というのだから、鰹節は優れた食品であることが理由だと考えられる。そんな鰹節が、今では「鰹節を単にうまみ調味料に置き換《か》えるようなことは、日本人としては寂《さび》しい」という状況《じょうきょう》であることも、理由といえる。

「正しい」言葉は信じられるか

60～61ページ Step 1

❶ (1) 元の写真で
(2) 同時・本来順序のついていない情報に順序をつける
(3) 例 たいていは後に置かれたほうが強調されてしまうから。
(4) Ⅰ順序 Ⅱ与えている情報
(5) イ

―考え方―

❶ (1) 「元の写真では、二匹《にひき》の動物は順序をつけて写っているのではない」から、AさんもBさんも正しく表現したとしても、動物を登

場させる順序が逆になるということが起こるのである。

(2)「映像表現」については傍線《ぼうせん》部を含む文から考える。「言語表現」については、どんなことが必要になるかを探す。すると傍線部のある段落の最後に「本来順序のついていない情報に順序をつける必要が生じる」とあるのが見つかる。

(4) A新聞とB新聞の違《ちが》いは「洪水《こうずい》の被害《ひがい》は少なくなった」と「自然の景観や水辺の動植物の生態系は壊《こわ》された」のどちらが先にあるかである。これは情報の「順序」が違うだけであり、「与《あた》えている情報はほぼ同じ」であるので、どちらも間違いとはいえないのである。

「正しい」言葉は信じられるか

62〜63ページ Step 2

❶ (1) 例 人間の性格は言葉と本来的に結び付いてはおらず、見方によって長所になったり短所になったりするから。(48字)

(2) 例 正しいこと

(3) ①片方だけを ②イ

(4) 例「正しいこと」も人をだまし、欺くことがあるので、事実と言葉との関係を理解し、物事を複数の視点から眺める習慣を身につけてほしい。

❷ ①肯定 ②衝撃 ③罵声 ④推

考え方

❶ (1) 直後に具体例を挙げた後で、説明されている。性格と言葉は「本来的に結び付いているもの」ではなく、「見方」によるという内容を書く。

(2) 例を挙げた意図は直前に示されている。「両方とも『正しい』――間違いではない――」こともあるという内容になるように書く。

(3) ①「ときには」は、そういう場合もあるという意味。「どのようなとき」と問われているので「〜とき」という言葉が手がかりとなる。傍線部の直後の文で説明されている。②「正しいこと」「間違いではないこと」も人をだますという文脈から考える。言葉による表現は一つの見方であり、事実そのものではないのである。

(4) 筆者の主張は文章の最後にあることが多い。例を挙げて事実と言葉との関係を説明し、言葉による表現は事実そのものではないことを示してきた。それを、言葉と事実との関係を理解し、物事を複数の視点から眺《なが》める習慣を身につけなければならないという主張につなげているのである。

漢字道場6

64〜65ページ Step 2

❶ ①ふはいきん ②がっしょう ③ほうじん ④たいい ⑤がいかく ⑥はっしょう ⑦きょうゆう ⑧けんやく ⑨いしょく ⑩たいほ ⑪ほうき ⑫けいじ ⑬せっしゅ ⑭とうき ⑮ようかい

❷ ①豚 ②壊 ③曖昧 ④衝撃 ⑤罵倒 ⑥融通 ⑦欺 ⑧国債 ⑨厚生 ⑩堆積 ⑪慈愛 ⑫矯正 ⑬企画 ⑭措置 ⑮幽霊

❸ (1) ①軌／奇 ②避／非 ③針／進

(2) ①覇権 ②捜査 ③指示

(3) ①a補償 b保証 ②a感傷 b鑑賞 ③a対照 b対象 ④a営利 b鋭利

❹ (1) ①消化 ②過熱 ③平行 ④驚異

(2) ①態勢 ②製作 ③夏季

考え方

❸ (1) ①「軌跡《きせき》」は車輪の跡《あと》、先人やある物事が通った跡などの意味。②「非難」は人の失敗や間違いなどを責めること。③「針路」は船《ふね》や飛行機などが進む方向のこと。

(2) ①「覇権《はけん》」は支配力、競技などで優勝して手に入れる栄誉《えいよ》などの意味。

(3) ①損害や損失をおぎない、つぐなうときには「補償《ほしょう》」を使う。②芸術を味わうときには「鑑賞《かんしょう》」を使う。③照らし合わせて比べるときには「対照」を使う。④「営利」は金銭などを得る目的をもって行うこと。

❹ (1) ②熱くなりすぎてしまうことを「過熱」という。「加熱」は「魚を加熱する」のように使う。③交わらないときには「平行」を使う。「並行《へいこう》」はならんで進んでいることに使う。「道路が並行する」など。

(2) ①「態勢」は構え、準備のこと。②「製作」は実用的なものを作るときに使う。「制作」は芸術的なものや、やや大きなものを作るときに使う。

わたしが一番きれいだったとき

66〜67ページ Step 1

❶ (1) ウ
(2) Aウ　Bイ
(3) 例 戦地
(4) ウ
(5) 第四連4行目　ウ　第五連4行目　ア
(6) ①倒置　②ア

考え方

❶ (2) A「空襲《くうしゅう》」ということは明記されていないが、第二・三連から、戦争が背景にあることは明らかなので、戦争に関する「空襲」が正解。B「とんでもないところ」「青空なんか」という表現の中に、やりきれない思いが託《たく》されている。

(3) 戦時中のことなので、戦地へ行ったのだと分かる。「戦争」「戦場」と答えても可。

(5) 第四連4行目は直前の「頭」「心」と対比させた表現。第五連4行目は直前の「そんな馬鹿《ばか》なことって〜」を受けた行動であることと、「卑屈《ひくつ》な町をのし歩」くとあることから、理不尽《りふじん》なものへの怒《いか》りが表現されていることを読み取る。「のし歩く」は横柄《おうへい》な態度で歩くこと。

(6) ①本来なら「できれば長生きすることに」「決めた」となるところを、順序《じゅんじょ》を入れ替《か》えた倒置《とうち》を使って強調した表現。②直後の「年とってから」「美しい絵を描《か》いた」や題名に託された思いから、青春時代に果たせなかったことを実現したいという作者の思いを捉《とら》える。

坊《ぼ》っちゃん

68〜69ページ Step 1

❶ (1) 愛想を尽かした
(2) 年中持て余している
(3) ひきょう
(4) ①まっすぐでよいご気性　②お世辞
(5) ア
(6) イ

考え方

❶ (1) 「愛想《あいそ》を尽《つ》かす」とは、親愛の情がなくなり、見限ること。

(2) 「持て余す」は扱《あつか》いに困ること。

(4) ②「俺《おれ》」は人に好かれるたちでないと思っているので、清《きよ》の言葉を「お世辞」と受け取ったのである。

(5) 直前の一文が理由を表している。「自分の力で俺を製造して」は、清が勝手なイメージで「俺」を見ている様子を表す。

坊っちゃん

70〜71ページ Step 2

❶ (1) ウ
(2) 例 恥ずかしい
(3) A 例 家を持つこと　B 例 田舎へ行く
(4) 例 赴任地についてうまく説明する
(5) 清…例 もう会えないかもしれなくて悲しい。名残惜しい。
「俺」…例 清のことが心配だし、別れがつらい。

❷ ①譲　②鉄砲　③請求　④袖

考え方

❶ (1) 「赴任《ふにん》せねばならぬ」からは、責任を果たすという気持ちが読み取れるが、段落の最後に「面倒《めんどう》くさい」ともあるので、ウが合う。
(2) 「困って顔を赤くした」に合う気持ちを書く。「困る」なども可。
(3) Bの前に「家どころか」とあるので、Aには「家を持つこと」などが入る。Bは、東京で「就職」しなかったことを書いてもよい。
(4) 「持て余す」の意味から、赴任地をうまく説明できなかった様子だと分かる。
(5) 清については、前に「もうお別れになるかもしれません」とある。これは清の、自分はもう長く生きられないかもしれないという思いの表れである。それで二度と会えないかもしれないと思い、いつまでも見送っているのだと読み取れる。「別れがつらい。」なども可。
「俺」については、「汽車がよっぽど動きだしてから……振《ふ》り向いたら」とあるので、「俺」は清のことが気になり、別れを惜《お》しんでいることが分かる。「たいへん小さく見えた」というのは、それだけ離《はな》れたことを惜しんだり、悲しんだりしていることを表していると考えられる。

基礎《きそ》編　文法解説より

72ページ Step 2

❶ (1) 用言　穏やかな　品詞　形容動詞　活用形　連体形
用言　怒る　品詞　動詞　活用形　終止形
用言　怖い　品詞　形容詞　活用形　終止形（順不同）
(2) ①動詞　勉強する　種類　サ行変格活用
②動詞　着　種類　上一段活用
(3) ①・④（順不同）

❷ (1) 助詞　に　は　が（順不同）　助動詞　た
(2) ①ウ　②オ　③エ　④イ
(3) ①ウ　②オ　③エ　④ア

考え方

❶ (1) 用言とは、活用のある自立語のこと。動詞、形容詞、形容動詞の三種類。「穏《おだ》やかな」は「人」と体言に続いているので連体形。「怒《おこ》る」は「と」に続いているので終止形。
(2) ①「する」「〜する」はサ行変格活用。「勉強する」で一語であることに注意する。
(3) 他動詞とは何かに働きかける意味を持つ動詞。「〜を」に続くことが多い。

❷ (1) 助詞、助動詞はそれだけでは文節にならない付属語。「た」が過去の助動詞であることに注意する。
(2) それぞれ、どんな関係を示しているか、あるいはどんな意味が添《そ》えられているかなどを考える。
(3) ①「う・よう・だろう」は他に意志と勧誘《かんゆう》の意味がある。②「れる・られる」には他に受け身、自発、尊敬の意味がある。④「そうだ」には伝聞の意味のものもある。「広いそうだ」などと使う。

テスト前 ☑ やることチェック表

① まずはテストの目標をたてよう。頑張ったら達成できそうなちょっと上のレベルを目指そう。
② 次にやることを書こう（「ズバリ英語○ページ，数学○ページ」など）。
③ やり終えたら□に✓を入れよう。
最初に完ぺきな計画をたてる必要はなく，まずは数日分の計画をつくって，
その後追加・修正していっても良いね。

目標

	日付	やること 1	やること 2
2週間前	／	□	□
	／	□	□
	／	□	□
	／	□	□
	／	□	□
	／	□	□
	／	□	□
1週間前	／	□	□
	／	□	□
	／	□	□
	／	□	□
	／	□	□
	／	□	□
	／	□	□
テスト期間	／	□	□
	／	□	□
	／	□	□
	／	□	□
	／	□	□

QRコードのページに登録すると，「ぴたリンク」からも表をダウンロードできるよ

テスト前 ✓ やることチェック表

① まずはテストの目標をたてよう。頑張ったら達成できそうなちょっと上のレベルを目指そう。
② 次にやることを書こう（「ズバリ英語〇ページ，数学〇ページ」など）。
③ やり終えたら□に✓を入れよう。
最初に完ぺきな計画をたてる必要はなく，まずは数日分の計画をつくって，
その後追加・修正していっても良いね。

目標

	日付	やること 1	やること 2
2週間前	/	□	□
	/	□	□
	/	□	□
	/	□	□
	/	□	□
	/	□	□
	/	□	□
1週間前	/	□	□
	/	□	□
	/	□	□
	/	□	□
	/	□	□
	/	□	□
	/	□	□
テスト期間	/	□	□
	/	□	□
	/	□	□
	/	□	□
	/	□	□

QRコードのページに登録すると，「ぴたリンク」からも表をダウンロードできるよ

キリトリ線

ズバリよくでる 直前

チェックBOOK

漢字の読み書き・文法など重要事項に完全対応!

国語

東京書籍版

2年

新しく習った漢字

手紙の効用 教 p.14～16

流麗な調べ。（りゅうれい）
拙い話し方。（つたな）
心の奥。（おく）
新古今和歌集（こきん）
手慰み（てなぐさ）
扇を畳《たた》む。（おうぎ）
真摯な心掛《が》け。（しんし）

短歌を楽しむ 教 p.18～20

美しい器。（うつわ）
映画鑑賞（かんしょう）
日本語の母音。（ぼいん）
夢に描く。（えが）
滑らかに話す。（なめ）
対句の表現。（ついく）
大きな翼。（つばさ）

話し言葉と書き言葉 教 p.26～27

確認をする。（かくにん）
柔らかいパン。（やわ）
お金を稼ぐ。（かせ）
恒久平和（こうきゅう）

形の似た漢字 教 p.28

侮辱《じょく》される。（ぶ）
年俸制（ねんぽう）
条約を批准する。（ひじゅん）
推奨された形式。（すいしょう）
作業の進捗。（しんちょく）
先生と交渉する。（こうしょう）
呪文を唱える。（じゅもん）
名簿を見る。（めいぼ）
朗詠する声。（ろうえい）
錠剤を飲む。（じょうざい）
座禅を組む。（ざぜん）
遠征試合（えんせい）
桑畑の蚕。（くわばたけ）

テストでまちがえやすい漢字

奈良《なら》への遷都。（せんと）
争いを忌避する。（きひ）
衷心からわびる。（ちゅうしん）
果物を頂戴する。（ちょうだい）
排斥する（はいせき）
チームの総帥。（そうすい）
元旦を祝う。（がんたん）

字のない葉書《はがき》 教 p.30～35

娘と息子《むすこ》。（むすめ）
厳しい訓戒。（くんかい）
威厳を示す。（いげん）
照れ性の顔。（しょう）
恥ずかしがり屋（は）
学童疎開（そかい）
災難に遭う。（あ）
肌着を洗う。（はだぎ）
雑巾《ぞうきん》を縫う。（ぬ）
温かい雑炊。（ぞうすい）

丼を洗う。（どんぶり）
鉛筆を買う。（えんぴつ）
歓迎のパレード。（かんげい）
花の茎。（くき）
息を吐く。（は）
母に叱られる。（しか）
ズバッ 痩せの大食い。（や）
肩たたき（かた）

辞書に描《えが》かれたもの 教 p.36〜45

ズバッ 友人を推薦する。（すいせん）
本番に臨む。（のぞ）
購入品（こうにゅう）
控え室（ひか）
首を傾ける。（かたむ）
印を付けた箇所。（かしょ）
霧吹《ふ》き（きり）
ズバッ 繊細な感受性。（せんさい）
運動が趣味だ。（しゅみ）

ズバッ 牛乳瓶を洗う。（びん）
料理に没頭する。（ぼっとう）
繰り上がる。（く）
試行錯誤（さくご）
ズバッ 色が剝がれる。（は）
後悔先に立たず。（こうかい）
丈夫《じょうぶ》な代物。（しろもの）
心臓の鼓動。（こどう）
庭園を巡る。（めぐ）
ズバッ 大概の人。（たいがい）
大声で挨拶する。（あいさつ）
言葉を交わす。（か）
髪を切る。（かみ）
図書室の書棚。（しょだな）
考え方の隔たり。（へだ）
ズバッ 苦心惨憺《たん》する。（さん）
暇を持て余す。（ひま）
本を返却する。（へんきゃく）
嫌気が差す。（いやけ）

奇妙な印象。（きみょう）
親指の指紋。（しもん）
ズバッ 自分の傲慢さ。（ごうまん）
謙虚《きょ》な心構え。（けん）

他教科で学ぶ漢字(1) 教 p.52

さんご礁（しょう）
ズバッ 奴隷制度（どれい）
点対称（たいしょう）
データの最頻値。（さいひんち）
麺を食べる。（めん）
妻が妊娠する。（にんしん）

ハトはなぜ首を振《ふ》って歩くのか 教 p.54〜63

無駄話（むだ）
撮影会場（さつえい）
刺激物（しげき）
床を磨《みが》く。（ゆか）
壁のポスター。（かべ）

懸命に励《はげ》む。（けんめい）
斜め向かい（なな）
期限が迫る。（せま）
羽毛が生える。（うもう）
紹介を受ける。（しょうかい）
粗削り（あらけず）
チームの司令塔。（しれいとう）

漢字の意味 教p.71

航空機の旋回。（せんかい）
手順を把握する。（はあく）
創作舞踊（ぶよう）
軌道に乗る。（きどう）
妨害される。（ぼうがい）
慶弔両用（けいちょう）
是非を論じる。（ぜひ）
人生の禍福。（かふく）
真偽は不明だ。（しんぎ）
海上の軍艦。（ぐんかん）

救命艇が進む。（てい）
船舶の操縦。（せんぱく）
時の宰相。（さいしょう）
忘れがたい雪辱。（せつじょく）
注意力が散漫だ。（さんまん）
清廉潔白（せいれん）
秘密を暴露する。（ばくろ）
芳名帳（ほうめい）
隆盛を誇《ほこ》る。（りゅうせい）
温厚《おんこう》篤実（とくじつ）
過去に拘泥《てい》する。（こう）

卒業ホームラン 教p.72～85

部活動の監督。（かんとく）
一級河川（かせん）
拍子抜《ぬ》けした話。（ひょうし）
塾のテキスト。（じゅく）
哀れんだ顔。（あわ）
優《やさ》しく諭す。（さと）

テストでまちがえやすい漢字

田舎に帰る。（いなか）
にぎやかな声援。（せいえん）
癖が出る。（くせ）
座卓を囲む。（ざたく）
脚《あし》を鍛える。（きた）
水あめが粘る。（ねば）
貫き通す（つらぬ）
冗談めかす（じょうだん）
はちまきを奪う。（うば）
魚を引き揚げる。（あ）
肘の曲げ伸《の》ばし。（ひじ）
新聞の投書欄。（らん）
ゲームの主審。（しゅしん）
丁寧なチェック。（ていねい）
回答を促す。（うなが）
まぶしい笑顔。（えがお）
俺がやります。（おれ）
心を尽くす。（つ）
惜しい結果。（お）

- ほほ笑む顔。（え）
- 気が緩む。（ゆる）
- 頬を赤らめる。（ほお）
- 湧き水（わ）
- 雷《かみなり》が怖い。（こわ）
- 礼儀を教わる。（れいぎ）
- 値段を据え置く。（す）
- 丈夫《じょうぶ》な顎。（あご）
- 納得できる成果。（なっとく）
- 標語を掲げる。（かか）
- 劣勢を立て直す。（れっせい）

黄金の扇風機《せんぷう》 教 p.90～93

- 首飾り（かざ）
- 柔軟体操（じゅうなん）
- スペインの宮殿。（きゅうでん）
- 木の枠。（わく）
- 新しい靴。（くつ）
- 涼しい風。（すず）

- 化粧をする。（けしょう）
- ルールの浸透。（しんとう）
- 徐々に分かる。（じょじょ）
- 欧米の食生活。（おうべい）
- 困難に陥る。（おちい）

サハラ砂漠《さばく》の茶会 教 p.94～99

- 月の砂漠。（さばく）
- 携帯電話（けいたい）
- 湯を沸かす。（わ）
- 身の程を知る。（ほど）
- 店の亭主。（ていしゅ）
- 狭い部屋。（せま）
- 音速を超える。（こ）
- よもぎ摘み（つ）
- 常識の欠如。（けつじょ）
- 垣根の外。（かきね）
- 接尾語（せつび）
- 明瞭な事実。（めいりょう）

- 抽象画（ちゅうしょう）

同訓異字 教 p.114～115

- 碁石を握《にぎ》る。（ごいし）
- おもちゃの銃。（じゅう）
- 返り討ちに遭《あ》う。（う）
- 目の敵。（かたき）
- ペンを執る。（と）
- 患者数（かんじゃ）
- 痛む腹を診る。（み）
- 慎み深い（つつし）
- 謹んで聞く。（つつし）
- 後れ毛（おく）
- 渓流で遊ぶ。（けいりゅう）
- 乳を搾る。（しぼ）
- 体裁が良い。（ていさい）
- 味を調える。（ととの）
- 幾何学模様（きかがく）
- 頂点を極める。（きわ）

テストでまちがえやすい漢字

専門を究める。（きわ）
やけどの痕。（あと）
退路を断つ。（た）
布を裁つ。（た）
境界を侵す。（おか）
転身を図る。（はか）
上司に諮る。（はか）
旅行を勧める。（すす）
この名に賭けて。（か）
卸し売り（おろ）
わらべ唄（うた）
人間業（わざ）
技を磨《みが》く。（わざ）
窯で器《うつわ》を焼く。（かま）
釜の飯。（かま）

枕草子《まくらのそうし》・徒然草《つれづれぐさ》 教 p.120～127

随筆家（ずいひつ）
鎌倉仏教（かまくら）

紫色の布。（むらさき）
蛍の光。（ほたる）
霜焼けができる。（しも）
女《にょう》房の仕事。（ぼう）
軒を連ねる。（のき）
大活躍の選手。（かつやく）
滑稽な姿。（こっけい）
感慨に浸《ひた》る。（かんがい）
宮廷料理（きゅうてい）
僧侶のお経《きょう》。（そうりょ）
庶民の感覚。（しょみん）
洞察力（どうさつ）
詣でたお宮。（もう）

平家物語《へいけものがたり》 教 p.128～141

負け戦（いくさ）
鎮魂歌（ちんこん）
祇園《ぎおん》精舎（しょうじゃ）
お寺の鐘。（かね）
盛者《じょうしゃ》必衰（ひっすい）
那須高原（なす）
紅に染まる。（くれない）
二十歳を迎《むか》える。（はたち）
気分を損ねる。（そこ）
チームの名誉。（めいよ）
顔を背ける。（そむ）
水草が漂う。（ただよ）
串焼きにする。（くし）
細面の人。（おもて）
感嘆のうなり声。（かんたん）
見るに堪えない。（た）

漢詩 教 p.142～145

唐の都。（とう）
俳諧の名人。（はいかい）
暁の空。（あかつき）
黄鶴《かく》楼《ろう》（こう）

他教科で学ぶ漢字(2)

教 p.150

歌舞伎役者（かぶき）
玉ねぎの細胞《さいぼう》膜。（まく）
利益の還元。（かんげん）
硫酸の性質。（りゅうさん）
解剖学（かいぼう）
ズバッ 蜂蜜を集める。（はちみつ）
スカートの裾。（すそ）

走れメロス

教 p.152～170

ズバッ 邪知《じゃち》暴虐（ぼうぎゃく）
敏感な舌。（びんかん）
ズバッ 花婿の服。（はなむこ）
結婚する（けっこん）
お嫁さん（よめ）
衣装替《が》えをする。（いしょう）
祝宴が始まる。（しゅくえん）
怪しい話。（あや）
寂しがり屋（さび）
人質を取る。（ひとじち）
警吏に疑われる。（けいり）
眉間の傷。（みけん）
孤独な作業。（こどく）
村の民。（たみ）
ズバッ 肉の塊。（かたまり）
乞うご期待。（こ）
処刑の知らせ。（しょけい）
召し使いになる。（め）
一睡もできない。（いっすい）
到着が遅《おく》れる。（とうちゃく）
ズバッ 木製の祭壇。（さいだん）
夕食の支度。（したく）
頼《たの》みを承諾する。（しょうだく）
ズバッ 選手宣誓（せんせい）
ズバッ 目を覆う。（おお）
不吉な手紙。（ふきつ）
蒸し暑い夏の日。（む）
ズバッ 豪雨の激しい音。（ごうう）
宵の口。（よい）
美しさに酔う。（よ）
居心地が良い。（ごこち）
ふとんに潜る。（もぐ）
拳ほどの大きさ。（こぶし）
ズバッ 川の氾濫。（はんらん）
ズバッ 激しい濁流。（だくりゅう）
橋桁を見上げる。（はしげた）
渡《わた》し守の役目。（もり）
心が荒《あ》れ狂う。（くる）
誠の心。（まこと）
水が渦巻く。（うずま）
ズバッ 獅子《しし》奮迅（ふんじん）
犬の胴震《ぶる》い。（どう）
峠を越《こ》える。（とうげ）
山賊の親分。（さんぞく）
一斉に歌う。（いっせい）
強く殴る。（なぐ）
ズバッ 空を仰ぐ。（あお）

- ズバッ 心が萎える。（な）
- 芋虫の観察。（いもむし）
- 真紅のワイン。（しんく）
- 卑劣な手口。（ひれつ）
- 無罪放免（ほうめん）
- ズバッ 美しさと醜さ。（みにく）
- 澄まし顔をする。（す）
- 布を裂く。（さ）
- ズバッ 役割を遂行する。（すいこう）
- ズバッ 裸体の石像。（らたい）
- 目印の塔楼。（とうろう）
- 一片の花びら。（いっぺん）
- 疾風が吹《ふ》く。（しっぷう）
- ズバッ 力強く抱擁する。（ほうよう）
- 空虚に過ごす。（くうきょ）
- 妄想にふける。（もうそう）
- 父が憤慨する。（ふんがい）
- 一人で悦に入《い》る。（えつ）

類義語・対義語 教 p.172～173

- 飽きのこない味。（あ）
- 犬の尻尾。（しっぽ）
- ズバッ 夭《よう》逝した詩人。（せい）

鰹節《かつおぶし》――世界に誇《ほこ》る伝統食 教 p.174～179

- 硬い骨。（かた）
- ポケットを探る。（さぐ）
- 煮物を作る。（にもの）
- 菌を洗い流す。（きん）
- 腐敗を防ぐ。（ふはい）
- 湿度計（しつど）
- 梅雨が明ける。（つゆ）
- ズバッ メダカの繁殖。（はんしょく）
- 即死する（そくし）
- 細胞の働き。（さいぼう）
- ズバッ 環境保全（かんきょう）
- 知恵がある。（ちえ）
- ズバッ 偉大な人物。（いだい）
- 消化酵素（こうそ）
- ズバッ 学びの蓄積。（ちくせき）
- お汁粉を食べる。（しるこ）
- 脂身を除く。（あぶらみ）
- 低脂肪乳（しぼう）
- 豚の貯金箱。（ぶた）
- 食塩の結晶。（けっしょう）

「正しい」言葉は信じられるか 教 p.184～191

- 高さのある堤防。（ていぼう）
- 洪水に備える。（こうずい）
- ズバッ 時計が壊れる。（こわ）
- 主張を肯定する。（こうてい）
- 曖昧な考え。（あいまい）
- ズバッ 強い衝撃。（しょうげき）
- 案を推し進める。（お）
- 罵声で耳が痛い。（ばせい）
- 某氏への評価。（ぼう）
- ズバッ 融通が利《き》く。（ゆうずう）

人の目を欺く。（あざむ）

同音異義語 教p.206～207

貴重な食糧。（しょくりょう）
本を改訂する。（かいてい）
仏壇《ぶつだん》に合掌する。（がっしょう）
外国に住む邦人。（ほうじん）
大尉の威厳《いげん》。（たいい）
外郭団体（がいかく）
並行して進める。（へいこう）
国債を買う。（こくさい）
厚生年金（こうせい）
伝説の発祥地。（はっしょう）
堆積物の調査。（たいせき）
権利を享有する。（きょうゆう）
慈愛のある人。（じあい）
災害の脅威。（きょうい）
矯正歯科（きょうせい）
生活費の倹約。（けんやく）
企画書を出す。（きかく）

警察の捜査。（そうさ）
任務を委嘱する。（いしょく）
覇権を争う。（はけん）
十分な措置。（そち）
逮捕された人。（たいほ）
職務放棄（ほうき）
天からの啓示。（けいじ）
塩分を摂取する。（せっしゅ）
白い陶器。（とうき）
妖怪の絵。（ようかい）
幽霊を演じる。（ゆうれい）

坊《ぼ》っちゃん 教p.210～223

親譲りのえくぼ。（ゆず）
無鉄砲な性格。（むてっぽう）
鉛筆削《えんぴつけず》りの刃。（は）
仕事を請け負う。（う）
火鉢の炭。（ばち）
長袖のジャージ。（そで）
相撲部屋（すもう）

懲役刑《けい》の判決。（ちょうえき）
将棋が強い。（しょうぎ）
チェスの駒。（こま）
平謝りする（あやま）
由《ゆい》緒正しい家。（しょ）
零落の原因。（れいらく）
ご恩と奉公。（ほうこう）
線香《せんこう》の煙《けむり》を嗅ぐ。（か）
臭い食品。（くさ）
厄介な話。（やっかい）
神田の古本屋。（かんだ）
巣籠もり（ご）
差し支える（さしつかえる）
殊に親しくする。（こと）
赴任先に慣れる。（ふにん）
おだやかな生涯。（しょうがい）
風邪の予防。（かぜ）
置き土産（みやげ）
歯磨き粉を使う。（みが）

▼入試によく出る故事成語

- 温故知新《おんこちしん》　昔のことから新しい知識や経験を得ること。
- 画竜点睛《がりょうてんせい》　最後の重要な仕上げをすること。
- 臥薪嘗胆《がしんしょうたん》　将来成し遂《と》げることのために今の苦難に耐《た》えること。
- 漁夫《ぎょふ》の利《り》　二者が争っている間に、第三者がその利益を横取りしてしまうこと。
- 杞憂《きゆう》　余計な心配をすること。
- 玉石混淆《ぎょくせきこんこう》　よいものとつまらないものが入り混じっていること。
- 蛍雪《けいせつ》の功《こう》　苦労して学問に励《はげ》み、成功すること。
- 呉越同舟《ごえつどうしゅう》　仲の悪い者どうしが同じ場所にいたり、何かを協力したりすること。
- 五十歩百歩《ごじっぽひゃっぽ》　本質的な差はないこと。
- 五里霧中《ごりむちゅう》　どうしようかと非常に迷うこと。
- 塞翁《さいおう》が馬《うま》　人生の幸不幸は予想することができないということ。
- 四面楚歌《しめんそか》　周りを敵に囲まれ、孤立《こりつ》していること。
- 推敲《すいこう》　詩や文章の表現を何度も練り直すこと。
- 大器晩成《たいきばんせい》　大人物は早いうちは目立たないが後に大成するということ。
- 他山《たざん》の石《いし》　他人のつまらない言葉や行いを自分を磨《みが》くのに役立てること。
- 蛇足《だそく》　あっても役に立たないもののこと。
- 朝三暮四《ちょうさんぼし》　目先の損得にとらわれ、結果が同じであると気づかないこと。
- 虎《とら》の威《い》を借《か》る狐《きつね》　強い者の威光《いこう》によって自分がいばること。
- 背水《はいすい》の陣《じん》　決死の覚悟《かくご》で物事にあたること。
- 覆水盆《ふくすいぼん》に返《かえ》らず　一度してしまったことは取り返しがつかないこと。
- 傍若無人《ぼうじゃくぶじん》　そばに人がいないかのように勝手気ままにふるまうこと。
- 矛盾《むじゅん》　前後のつじつまが合わないこと。
- 李下《りか》に冠《かんむり》を正《ただ》さず　人に疑われるようなことは避《さ》けるべきだということ。
- 竜頭蛇尾《りゅうとうだび》　はじめは立派だが終わりが振《ふ》るわないこと。

▼入試によく出ることわざ

類は似た意味のことわざ、対は反対の意味のことわざ

・案ずるより産むが易《やす》し
実際にやってみると、やらずに心配しているよりもうまくいくものだ。

・石橋をたたいて渡《わた》る
用心に用心を重ねる。

・急がば回れ
急ぐことをするときは、かえって丁寧《ていねい》にしたほうが結果的に早く終わる。
類 せいてはことを仕損じる
対 善は急げ

・馬の耳に念仏
人の意見に全く耳を貸さないこと。

・紺屋《こうや》の白袴《しろばかま》
専門の者は人のことにばかり忙《いそが》しくて、かえって自分のことはおろそかにしてしまうものだということ。
類 医者の不養生

・好きこそ物の上手なれ
好きでやることはいろいろ工夫したりするので上達しやすいということ。
対 下手の横好き

・灯台下暗《もと》し
身近なことはかえって分かりにくいものだということ。

・泣きっ面《つら》に蜂《はち》
不幸が重なること。

・情けは人のためならず
人に親切にしておけば、回り回って、いつかは自分のためになるものだ。

・二兎《にと》を追うものは一兎をも得ず
欲張りすぎると何も得ることができない。
類 あぶはち取らず

・猫《ねこ》に小判《こばん》
価値あるものでも、持ち主がそれを知らなければ役に立たない。
類 豚《ぶた》に真珠《しんじゅ》

・のれんに腕押《うでお》し
張り合いも手応えもないこと。
類 豆腐《とうふ》にかすがい

・ひょうたんから駒《こま》が出る
思いがけないことが実現すること。

・まかぬ種は生えぬ
原因がなくて結果があるはずがない。

・焼け石に水
やっても努力や助けが少なすぎて効果がないこと。

▼敬語のまとめ

●敬語の種類

尊敬語　ある人の動作や、ある人に関わる物や事柄《ことがら》などを高めることで、その人に敬意を示す表現。

謙譲語《けんじょう》　自分や自分の側の人の動作や、自分に関わる事柄をへりくだって言うことで、相手に敬意を示す表現。次の二種類に細分化される。

・**謙譲語Ⅰ**　自分から相手に向かう動作をへりくだって言う。

・**謙譲語Ⅱ**　特に相手への動作ではなく、自分の動作をかしこまって言うことで聞き手（読み手）を高める。

丁寧語《ていねい》　話し方や書き方を丁寧にすることで、相手に敬意を示す表現。次の二種類に細分化される。

・**丁寧語**　丁寧に言うことで聞き手（読み手）を高める。

・**美化語**　接頭語の「お」「ご」を使い、言葉遣《づか》いを柔《やわ》らかくきれいにする。

●敬語のいろいろ

普通《ふつう》の表現	尊敬語	謙譲語	丁寧語
行く・来る	いらっしゃる おいでになる	参る 伺《うかが》う	上の動詞の連用形に「ます」を付ける。
いる		おる	
言う・話す	おっしゃる	申す	
見る	ご覧になる	拝見する	
聞く		伺う・承《うけたまわ》る	
食べる・飲む	召《め》しあがる	いただく	
着る	召す		
もらう		いただく	
やる		さしあげる	
くれる	くださる		
する	なさる	いたす	
思う		存ずる	
	お～になる ご～になる ～れる ～られる	お～する ご～する	

▼助動詞の活用

口語助動詞の活用

基本形	意味	未然形	連用形	終止形	連体形	仮定形	命令形
れる	受け身 可能 自発 尊敬	れ	れ	れる	れる	れれ	れろ れよ
られる		られ	られ	られる	られる	られれ	られろ られよ
せる	使役《しえき》	せ	せ	せる	せる	せれ	せろ せよ
させる		させ	させ	させる	させる	させれ	させろ させよ
たい	希望	たかろ	たかっ たく	たい	たい	たけれ	○
たがる		たがら たがろ	たがり たがっ	たがる	たがる	たがれ	○
ない	打ち消し	なかろ	なかっ なく	ない	ない	なけれ	○
ぬ(ん)		○	ず	ぬ(ん)	ぬ(ん)	ね	○
う	意志 推量 勧誘《かんゆう》	○	○	う	(う)	○	○
よう		○	○	よう	(よう)	○	○
た	過去 完了《かんりょう》 存続	たろ	○	た	た	たら	○
ます	丁寧《ていねい》	ませ ましょ	まし	ます	ます	ますれ	まし ませ

基本形	意味	未然形	連用形	終止形	連体形	仮定形	命令形
らしい	推定	○	らしかっ らしく らしゅう	らしい	らしい	(らしけれ)	○
ようだ	推定 たとえ	ようだろ	ようだっ ようで ように	ようだ	ような	ようなら	○
ようです		ようでしょ	ようでし	ようです	(ようです)	○	○
そうだ	様態	そうだろ	そうだっ そうで そうに	そうだ	そうな	そうなら	○
そうです		そうでしょ	そうでし	そうです	(そうです)	○	○
そうだ	伝聞	○	そうで	そうだ	○	○	○
そうです		○	そうでし	そうです	(そうです)	○	○
まい	打ち消しの意志・推量	○	○	まい	(まい)	○	○
だ	断定	(だろ)	だっ で	だ	(な)	なら	○
です		でしょ	でし	です	(です)	○	○

＊「れる」「られる」の可能と自発には命令形がない。

▼アドバイス

助動詞「れる」「られる」の意味の見分け方

- **受け身** 「誰《だれ》(何)に〜される」の意味になる。
- **可能** 「〜ことができる」に言い換《か》えられる。
- **自発** 「自然と」を加えることができる。
- **尊敬** 「お(ご)〜になる・なさる」と言い換えられる。

▼テストによく出る古語

現代と意味の異なることがある言葉

・あさまし　驚《おどろ》きあきれるようだ。
・あたらし　立派だ。惜《お》しい。
・あやし　不思議だ。
・いみじ　程度がはなはだしい。すばらしい。
・いやし　身分が低い。
・おこなふ　仏道の修行《しゅぎょう》をする。
・きこゆ　申しあげる
・なかなか　むしろ。
・なつかし　心ひかれる。親しみやすい。
・にほふ　色鮮《あざ》やかに映《は》える。
・ののしる　声高《こわだか》に騒《さわ》ぐ。
・やがて　すぐさま。
・やむごとなし　身分が高い。
・わろし　見劣《みおと》りがする。

古文にしかない言葉

・こぞ　去年
・つれづれなり　退屈《たいくつ》だ。
・ひねもす（に）　一日中。
・まかる　退出する。
・ゆかし　見たい。聞きたい。知りたい。

注意したい古文表現

係り結び

文章の途中《とちゅう》に次のような助詞が入ることで文末の形が変化する決まり。

例　名をば、さぬきのみやつことなむいひける。（係りの助詞＝なむ）

意味　名前を、さぬきのみやつこと言った。

「なむ」がなければ、「さぬきのみやつこといひけり」となるところが「ける」に変化している。「なむ」を入れることで強調している。

係り結びになる助詞

助詞	結び	意味	例文
ぞ	連体形	強調	風の音にぞおどろかれぬる（風の音で気づいた）
なむ	連体形	強調	水なむ流るる（水が流れる）
や か	連体形	疑問 反語	何万騎《なんまんき》かある（何万騎いるのだろうか） 劣るところやある（劣るところがあるだろうか、いや、ない）
こそ	已然形《いぜんけい》	強調	散りたるこそ、をかしけれ（散っているのは、実にすばらしい）

▼漢文の基本知識

読書……白文《はくぶん》（中国の原文）

読ムレ書ヲ……訓読文（白文に訓点を付けたもの）

書を読む……書き下し文（訓読文をもとに漢字仮名《かな》交じり文に改めたもの）

訓点（[1]・[2]・[3]は読む順番を示す）

①レ点…下の字からすぐ上の一字に返って読む。

[2][1] 例 習フレ之《これ》ヲ（之を習ふ）

②一・二点…二字以上離《はな》れて、下から上に返って読む。

[3][1][2] 例 在リ二目前一ニ（目前に在り）

③上・中・下点…一・二点を挟《はさ》んで下から上に返って読む。

[7][3][1][2][6][4][5] 例 不《ず》下為《ため》ニ二子孫一ノ買ハ中美田上ヲ（子孫の為に美田を買はず）

●訓読文では、送り仮名は歴史的仮名遣《づか》いのままで、片仮名で漢字の右下に入れる。

●書き下し文にするときは、送り仮名を平仮名に改め、助詞や助動詞は漢字を平仮名にする。

漢詩の形式

絶句《ぜっく》（四句から成る）

五言絶句（一句の字数が五字）

七言絶句（一句の字数が七字）

起句《きく》で言い起こし、承句《しょうく》で起句を受け、転句《てんく》で内容を一転させ、結句《けっく》で締《し》めくくる。

律詩《りっし》（八句から成る）

五言律詩（一句の字数が五字）

七言律詩（一句の字数が七字）

首連《しゅれん》（一・二句）、頷連《がんれん》（三・四句）、頸連《けいれん》（五・六句）、尾連《びれん》（七・八句）から成る。頷連の二句どうし、頸連の二句どうしはそれぞれ対句《ついく》となる。

●五言絶句の例

	押韻《おういん》	構成
牀《しやう》前《ぜん》看ル二月	光一ヲ	起
疑フラクハ是《こ》レ地上ノ	霜《しも》カト	承
挙ゲテレ頭ヲ望ミ二山月一ヲ		転
低《た》レテレ頭ヲ思フ二故	郷一ヲ	結

※赤字部分が押韻（＝句末を同じ響《ひび》きを持つ音でそろえること）。

▼さまざまな古典作品

三大和歌集

	万葉集《まんようしゅう》	古今和歌集《こきんわかしゅう》	新古今和歌集
成立	奈良《なら》時代後期	平安《へいあん》時代初期	鎌倉《かまくら》時代初期
撰者《せんじゃ》	大伴家持《おおとものやかもち》？	紀貫之《きのつらゆき》など	藤原定家《ふじわらのさだいえ》など
代表的歌人	山上憶良《やまのうえのおくら》 額田王《ぬかたのおおきみ》	在原業平《ありわらのなりひら》 小野小町《おののこまち》	西行《さいぎょう》 式子内親王《しょくしないしんのう》
特徴《とくちょう》	天皇から農民まで幅《はば》広い層《そう》の歌が収められている。素《そ》朴《ぼく》で素直な表現。	華《はな》やかな宮廷《きゅうてい》文化のもと、しみじみとした心の味わいが優美に表現されている。	武士が台頭《たいとう》して変わっていく世の中で、複雑な表現を用いた繊細《せんさい》な表現が多く取り入れられた。

三大随筆《ずいひつ》

	枕草子《まくらのそうし》	方丈記《ほうじょうき》	徒然草《つれづれぐさ》
成立	平安時代中期	鎌倉時代初期	鎌倉時代後期
筆者	清少納言《せいしょうなごん》	鴨長明《かものちょうめい》	兼好法師《けんこうほうし》
特徴	「をかし」という表現を多用して、宮廷生活の中で見聞した物事を簡潔な文体で表現している。鋭《するど》い美意識が感じられる。	戦乱と天災が続いた世の中で生きて、自己の内面を深く見つめ、和《わ》漢混交文《かんこんこうぶん》で描《えが》いた。無常観が強く漂《ただよ》う。	人生や世の中のことについて、一歩引いた隠者《いんじゃ》という立場から鋭く観察して自由に意見や感想を述べた。和文と和漢混交文から成る。

※和漢混交文＝漢文体と和文体を混ぜた文体。